권별주삶
• 주야로 묵상하는 삶 •

바울서신

● 주삶의 정신 1

『주삶』은 에티오피아 내시에게
말씀을 해석해 준 빌립 집사의 역할을 하기 원합니다.

말씀을 올바르게 깨닫기 위해서는 빌립과 같은 신령한 조력자가 필요합니다.
이제 『주삶』은 '객관적이고 정확한 절별 해설'을 통해
그리스도인의 매일 말씀묵상을 돕고자 합니다.

● 주삶의 정신 2

'묵상'은 하루 중 가장 방해받지 않는
귀중한 시간에 하는 것입니다.
그리고 깨달은 말씀을 종일 생각하는 것입니다.

진정한 그리스도인이 되기 위해서는 묵상한 말씀을 늘 되새겨야 합니다.
그것이 주야로 묵상하는 삶이며 '주삶의 정신' 입니다.

● 주삶의 정신 3

'오늘 말씀묵상을 하지 않으면 밥을 먹지 않겠다.'
참된 성도는 굳은 결심의 소유자여야 합니다.

매일 말씀묵상을 하지 않으면 영혼이 병들고 성장하지 않기 때문입니다.
일주일에 한두 끼만 먹는 사람이
건강한 삶을 살 수 없는 것과 마찬가지 이치입니다.

Contents

2	「권별주삶」 단체 활용법
3	「권별주삶」 개인 활용법
4	주삶 개인 활용법
6	주삶 단체 활용법
10	갈라디아서를 묵상하기 전에
12-66	1~16회 묵상
67	데살로니가전후서를 묵상하기 전에
70-130	17~35회 묵상
132	주간 그룹성경공부(1-5주)
148	주간 그룹성경공부 해설서(1-5주)
154	기도노트
158	메모

● 해설 집필자 소개

조호형 목사_ 갈라디아서
- 총신대학교 신학과(B.A)
- 총신대학교 신학대학원(M.Div)
- 미국 Calvin Theological Seminary(Th.M 신약학:바울신학)
- 미국 Southern Baptist Theological Seminary(Ph.D 신약학:바울신학)
- 총신대학교 신학대학원 교수(바울신학)

권호 목사_ 데살로니가전후서
- 총신대학교 신학대학원 졸업(신학 B.A, M.Div)
- 미국 Gordon-Conwell Theological Seminary(신학 Th.M)
- Southwestern Baptist Theological Seminary(철학 Ph.D)
- 합동신학대학원대학교 설교학 교수
- 사랑의교회 협동목사

GBS 및 해설서_ 김건일, 황재욱

권별주삶
• 주 야 로 묵 상 하 는 삶 •

갈라디아서
데살로니가전후서

 단체 활용법

「권별주삶」의 특징

- 「권별주삶」은 가족, 교회 소그룹, 직장 신우회 등 각종 성경공부 모임에 활용하면 좋습니다.

- 「권별주삶」은 날짜에 구애받지 않는 7일 동안의 개인 묵상과 1일의 주간성경공부(GBS)로 구성되어 있습니다.

「권별주삶」의 단체 활용법

▶ 매일 개인적으로 묵상하고, 1주일에 1회씩 모여 GBS 모임을 가지면 좋습니다.

- 개인묵상 시간을 통해 말씀을 묵상합니다.
- 7일째 주간성경공부 모임에서 한 주 동안 묵상한 말씀을 삶에 적용하고 체험과 깨달음을 서로 공유합니다.

▶ 「권별주삶」은 각종 성경공부 모임의 계획에 맞춰 차별화된 스케줄 구성이 가능합니다.

아가페 주삶 개인 활용법

「권별주삶」의 특징

- 「권별주삶」은 날짜가 특정되지 않아 순차적으로 깊이 있는 말씀묵상이 가능합니다.

- 「권별주삶」은 개인별 맞춤 스케줄에 따라 시간을 활용함으로써, 하나님의 말씀을 거듭 상고하고 깊이 체험할 수 있게 도와줍니다.

「권별주삶」의 개인 활용법

▶ 아래 「권별주삶」의 개인 활용법을 따라 꾸준히 묵상하면서 하나님과 동행하세요.

- 먼저 묵상을 시작하는 날짜를 기록합니다. 개인 스케줄에 맞춰 날짜와 관계없이 성경을 이어서 빠짐없이 묵상할 수 있습니다.
- 개인묵상 시간을 통해 말씀을 묵상합니다.
- 7일째 주간성경공부 모임에서 한 주 동안 묵상한 말씀을 삶에 적용하고 체험과 깨달음을 서로 공유합니다.
- 교훈과 묵상한 것을 메모합니다. 묵상과 적용이 「권별주삶」의 깊이 있는 해설과 곁들여져 말씀을 더욱 쉽게 이해하는 나만의 묵상노트가 됩니다.
- 「권별 주삶」 시리즈를 권별로 모아 두세요. 성경의 문맥을 살려 그 자체로 말씀을 쉽게 이해하게 해 주는 훌륭한 성경해설서로 활용할 수 있습니다.

* 「권별주삶」을
나만의 묵상노트이자 성경해설서로 만든다는 목표를 가지고 꾸준히 하면,
하나님과의 친밀한 교제 안에서 변화된 자신을 체험할 수 있습니다.

아가페 주삶 개인 말씀묵상 활용법

1 날짜 기록
묵상한 날짜를 기록합니다.

2 찬양과 기도
먼저 찬양한 후, 성령님의 도우심을 구하는 기도를 드립니다.

3 본문요약
'본문요약'을 읽고 흐름을 파악합니다.

4 개역개정성경 읽기
성경 본문을 정독합니다.

☐ 묵상 체크

02
월   일

예수 그리스도의 계시로 말미암은 복음

갈라디아서 1:11-17 • 새찬송 531장 | 통일 321장

• 말씀묵상 전에 성령님의 인도하심을 구하는 기도를 드리십시오.

본문요약 | 거짓 선생들은 바울이 이방인 성도들의 기쁨을 구하기 위해 복음을 왜곡하고 있다고 공격했다. 이에 대해 바울은 자신이 선포한 복음은 사람의 뜻을 따라 된 것이 아니라 신적인 기원, 즉 예수 그리스도의 계시를 통하여 얻은 것이라고 설명한다.

11 형제들아 내가 너희에게 알게 하노니 내가 전한 복음은 사람의 뜻을 따라 된 것이 아니라
12 이는 내가 사람에게서 받은 것도 아니요 배운 것도 아니요 오직 예수 그리스도의 계시로 말미암은 것이라
13 내가 이전에 유대교에 있을 때에 행한 일을 너희가 들었거니와 하나님의 교회를 심히 박해하여 멸하고
14 내가 내 동족 중 여러 연갑자보다 유대교를 지나치게 믿어 내 조상의 전통에 대하여 더욱 열심이 있었으나
15 그러나 내 어머니의 태로부터 나를 택정하시고 그의 은혜로 나를 부르신 이가
16 그의 아들을 이방에 전하기 위하여 그를 내 속에 나타내시기를 기뻐하셨을 때에 내가 곧 혈육과 의논하지 아니하고
17 또 나보다 먼저 사도 된 자들을 만나려고 예루살렘으로 가지 아니하고 아라비아로 갔다가 다시 다메섹으로 돌아갔노라

1. 오늘 하나님께서 나에게 주신 깨달음은 무엇입니까?

2. 말씀을 어떻게 내 삶에 구체적으로 적용해야 합니까?

16

---

7 묵상과 적용
'묵상과 적용' 질문을 통해 깨달은 말씀과 적용한 내용을 적습니다.

'말씀묵상'은
말씀과 기도를 통해 날마다 하나님의 음성에 귀 기울이고 그 음성을 따라 살아가고자 하는 그리스도인을 위한 경건의 시간입니다. '말씀묵상'은 하루 중 가장 귀중한 시간에 아무도 방해하지 않는 곳에서 해야 합니다. 그리고 깨달은 말씀을 주야로 묵상하는 것입니다.

절별 해설

11 **형제들아 내가 너희에게 알게 하노니 내가 전한 복음은 사람의 뜻을 따라 된 것이 아니라** 갈라디아 교회에 들어온 거짓 선생들은(유대주의자들) 할례를 행하고 율법을 준수하는 것이 복음의 핵심이라고 주장했다. 그래서 그들은 '오직 믿음의 원리'를 담고 있는 바울의 복음은 사람들(특별히 이방인 성도들)의 마음에 들게 하려고 고안된 것이라고 공격했다. 이에 대해 바울은 자신이 선포한 복음은 사람의 뜻을 따라 된 것이 아니라, 신적인 기원을 갖는다고 주장한다.

12 **이는 내가 사람에게서 받은 것도 아니요 배운 것도 아니요 오직 예수 그리스도의 계시로 말미암은 것이라** 본절에서 바울은 자신이 어떤 것도 배우거나 받지 않았다는 것을 의도하지 않는다. 왜냐하면 바울은 고린도 교회에 보낸 서신에서 "내가 받은 것을 먼저 너희에게 전하였노니 이는 성경대로"(고전 15:3)라고 분명하게 말하기 때문이다. 교회를 박해했던 바울은 초대 교회 성도들이 어떠한 주장들을 하고 있었는지 틀림없이 알고 있었을 것이다(행 9장). 여기서 '계시'는 부활하신 그리스도께서 친히 바울에게 나타나셨던 다메섹 사건과 관련된다(행 9:3 이하).

13 **하나님의 교회** 바울은 회심하기 전에 여러 지역에 퍼져 있었던 많은 교회들을 박해했다. 그러나 여기에 사용된 '교회'는 좀 더 넓은 의미로서 '영적으로 진정한 이스라엘'을 의미한다.

14 **내 조상의 전통** 이것은 구약성경 자체가 ... 구전되었던 바리새인들이 가르쳤던 삶의 방...

15 **그러나 내 어머니의 태로부터 나를 택정...부르신 이가** 마치 이사야(사 49:1)와 예레... 부터 부름을 받았던 것처럼, 바울은 자신 ... 받았다는 것을 강조한다.

16 **그의 아들을 이방에 전하기 위하여 그를 ... 빼셨을 때에** 하나님은 바울을 이방인...다. 그렇다고 바울이 유대인들과 전혀 상관...이 아니다. 왜냐하면 바울 자신이 받았던 ... 신의 동족인 유대인을 깨닫게 하기 위한 ... 기 때문이다(롬 11장).
내가 곧 혈육과 의논하지 아니하고 바울은 ... 한 계시에 대해서 그것이 옳은지 그른지 ... 않았다.

17 바울은 다메섹 도상 사건 이후 바로 회 ... 서 선포했다(행 9:20). 또한 다메섹에서 ... 울은 아라비아로 복음을 전하고(고후 1 ... 로 돌아왔다.

쉬운성경

11 형제들이여, 내가 여러분에게 전한 복음은 사람들에게서 나온 것이 아니라는 것을 알기 바랍니다.

12 그것은 내가 사람에게서 얻은 것도 아니고, 사람에게서 배운 것도 아닙니다. 그것은 예수 그리스도께서 내게 보여주신 것입니다.

13 여러분은 내가 어떻게 살아왔는가를 들었을 것입니다. 나는 유대교에 속한 사람이었습니다. 나는 하나님의 교회를 몹시 박해했을 뿐 아니라, 아예 없애 버리려고까지 계획했습니다.

14 나는 나와 나이가 비슷한 다른 유대인들보다 더 열심히 유대교를 믿었습니다. 또한 그 누구보다도 조상들의 전통을 지키는 데 열심이었습니다.

15 그러나 내가 태어나기 전부터 하나님께서는 나를 따로 세우셔서

저자의 묵상

바울은 나사렛 예수를 믿었던 사람들을 박해하기 위해 다메섹 도상으로 향하여 가던 중, 인생의 전환점을 맞이하게 된다. 그것은 바울의 귓가에 명확하게 들렸던 예수님의 목소리 때문이었다(행 9장). 그 사건 이후 바울은 예수님이 구약에 약속된 메시아임을 믿게 되었고, 다메섹과 아라비아에서 복음을 선포하게 되었다. 하나님은 바울 스스로는 도저히 깨달을 수 없었던 복음의 진리를 깨닫게 하시려고 그의 인생에 나타나셨다. 중요한 것은 바로 그 하나님이 우리의 인생에서도 동일하게 역사하신다는 것이다. 그래서 우리는 '내 스스로 예수 그리스도를 믿었다'라고 말할 수 없다. 왜냐하면 하나님이 역사하시지 않는다면, 이 세상 어느 누구도 하나님을 알 수 없고 또한 믿을 수 없기 때문이다.

무릎 기도 하나님, 예수님을 그리스도로 고백하도록 저를 불러 주셔서 감사합니다. 이제 그 주님을 주변의 사람들에게 전하게 하소서.

ESV - Galatians 1

11 For I would have you know, brothers, that the gospel that was preached by me is not man's gospel.*

12 For I did not receive it from any man, nor was I taught it, but I received it through a revelation of Jesus Christ.

13 For you have heard of my former life in Judaism, how I persecuted the church of God violently and tried to destroy it.

14 And I was advancing in Judaism beyond many of my own age among my people, so extremely zealous was I for the traditions of my fathers.

15 But when he who had set me apart before I was born,* and who called me by his grace,

16 was pleased to reveal his Son to* me, in order that I might preach him among the Gentiles, I did not immediately consult with anyone;*

17 nor did I go up to Jerusalem to those who were apostles before me, but I went away into Arabia, and returned again to Damascus.

* 1:11 Greek not according to man
* 1:15 Greek set me apart from my mother's womb
* 1:16 Greek in
* 1:16 Greek with flesh and blood

11 gospel 복음 preach 전하다 12 revelation 계시 13 Judaism 유대교 persecute 박해하다 violently 극심하게 destroy 파멸시키다 14 advance 주장하다 zealous 열심인 tradition 전통 16 reveal 나타내다 in order that …하기 위해 gentile 이방인 immediately 즉시 consult with … 와 상의하다 17 apostle 사도

---

5 쉬운성경 읽기
쉬운성경을 정독하며 본문을 대조합니다.

6 절별 해설
'절별 해설'을 참고하며 읽습니다.

8 저자의 묵상
절별 해설 집필자가 묵상 후 전하는 메시지입니다.

9 무릎 기도
'무릎 기도'로 기도합니다.

10
한글과 영어 본문(ESV) 대조를 통해 본문의 바른 뜻을 파악할 수 있습니다.

아가페 주삶

단체 활용법 – 소그룹·구역예배

1 주중에 전 구성원이 개인적으로 매일 말씀을 묵상하고, 1주일에 1회씩 모여 GBS 교재 부분을 가지고 나눕니다.

2 GBS를 시작할 때 지난 한 주간 개인 묵상을 통해 깨달은 것이나 삶에 적용한 일이 있으면 한 사람씩 돌아가며 나눕니다.

구역예배, 청년부 성경공부, 직장 신우회 등 각종 성경공부 모임에 활용하면 좋습니다.

주간 그룹성경공부 • GBS
1주차 (1회~7회)

안디옥에서의 베드로

갈라디아서 2:11-21 | 새찬송 149장 • 통일 147장

▶ 주간 말씀묵상 나눔

지난 한 주간 말씀을 묵상한 것이나 삶에 적용한 것이 있으면 돌아가며 간단히 나누어 봅시다.

• 오늘의 성경공부 목표

안디옥에서 베드로는 이방인과의 식탁 교제를 중단할 것을 결정합니다. 베드로가 왜 그런 결정을 내리게 되었는지, 그의 결정이 복음의 진리를 어떻게 위협했는지 살펴봅시다.

11 게바가 안디옥에 이르렀을 때에 책망받을 일이 있기로 내가 그를 대면하여 책망하였노라
12 야고보에게서 온 어떤 이들이 이르기 전에 게바가 이방인과 함께 먹다가 그들이 오매 그가 할례자들을 두려워하여 떠나 물러가매
13 남은 유대인들도 그와 같이 외식하므로 바나바도 그들의 외식에 유혹되었느니라
14 그러므로 나는 그들이 복음의 진리를 따라 바르게 행하지 아니함을 보고 모든 자 앞에서 게바에게 이르되 네가 유대인으로서 이방인을 따르고 유대인답게 살지 아니하면서 어찌하여 억지로 이방인을 유대인답게 살게 하려느냐 하였노라
15 우리는 본래 유대인이요 이방 죄인이 아

니로되
16 사람이 의롭게 되는 것은 율법의 행위로 말미암음이 아니요 오직 예수 그리스도를 믿음으로 말미암는 줄 알므로 우리도 그리스도 예수를 믿나니 이는 우리가 율법의 행위로써가 아니고 그리스도를 믿음으로써 의롭다 함을 얻으려 함이라 율법의 행위로써는 의롭다 함을 얻을 육체가 없느니라
17 만일 우리가 그리스도 안에서 의롭게 되려 하다가 죄인으로 드러나면 그리스도께서 죄를 짓게 하는 자냐 결코 그럴 수 없느니라
18 만일 내가 헐었던 것을 다시 세우면 내가 나를 범법한 자로 만드는 것이라
19 내가 율법으로 말미암아 율법에 대하여

132

'말씀묵상'은 말씀과 기도를 통해 날마다 하나님의 음성에 귀 기울이고 그 음성을 따라 살아가고자 하는 그리스도인을 위한 경건의 시간입니다. '말씀묵상'은 하루 중 가장 귀중한 시간에 아무도 방해하지 않는 곳에서 해야 합니다. 그리고 깨달은 말씀을 주야로 묵상하는 것입니다.

죽었나니 이는 하나님에 대하여 살려 함이라
20 내가 그리스도와 함께 십자가에 못 박혔나니 그런즉 이제는 내가 사는 것이 아니요 오직 내 안에 그리스도께서 사시는 것이라 이제 내가 육체 가운데 사는 것은 나를 사랑하사 나를 위하여 자기 자신을 버리신 하나님의 아들을 믿는 믿음 안에서 사는 것이라
21 내가 하나님의 은혜를 폐하지 아니하노니 만일 의롭게 되는 것이 율법으로 말미암으면 그리스도께서 헛되이 죽으셨느니라

• 함께 읽어보기

그리스도인으로서 우리는 매 순간 크고 작은 결정을 내려야 합니다. 고려해야 할 다양한 상황들 속에서 우리는 때로 가장 중요한 진리를 놓치기도 합니다. 그럴 때마다 "예수라면 어떻게 할 것인가?"(What Would Jesus Do?) 하는 질문을 던져 보는 것은 도움이 될 수 있을 것입니다. 그리스도인으로의 선택과 결정은 우리가 평생 해야 할 훈련입니다. 매 순간 예수님과 동행하며 복음을 위해 최선의 선택을 할 수 있는 성숙한 제자가 되어야 할 것입니다.

▌도입 질문

1 매 순간 무엇인가를 결정해야 할 때 나는 성경의 가르침을 기억합니까? 그리고 기도합니까?

▌함께 나누기

2 베드로(게바)가 방문한 곳은 어

3 "야고보에게서 온 어떤 이들"은

4 12절은 "그가 할례자들을 두려워하여 떠나 물러가매"라고 말합니다. 베드로가 염두에 두었던 '할례자들'은 구체적으로 누구를 가리킵니까?

5 누가 베드로의 이러한 행동에 유혹됩니까? 13절

6 바울은 베드로의 행동을 책망합니다. 그 이유는 무엇입니까? 14절

7 바울이 말하는 복음의 진리는 무엇입니까? 16절

8 안디옥에서 베드로가 취했던 행동과 결정이 잘못된 것이라 말할 수 있습니까? 그렇다면 그 이유는 무엇입니까?

9 오늘 성경공부를 통해 나누고 싶거나 깨달은 것이 있으면 이야기해 봅시다.

3 GBS 순서에 따라 리더가 진행하며, 각자 묵상을 통해 느낀 것과 깨달은 것을 나눕니다.

"복 있는 사람은
악인들의 꾀를 따르지 아니하며
죄인들의 길에 서지 아니하며
오만한 자들의 자리에 앉지 아니하고
오직 여호와의 율법을 즐거워하여
그의 율법을 주야로 묵상하는도다"

- 시편 1:1-2 -

갈라디아서를 묵상하기 전에

저자 및 기록 시기

갈라디아서는 사도 바울이 기록했다. 실제로 바울의 다른 서신들과 달리, 바울이 갈라디아서를 기록했다는 것에 이견을 가지는 학자들은 거의 없다.

'이 서신이 언제 기록되었는가?'에 관한 질문은 '이 서신을 누구에게 보냈는지'에 관한 질문과 밀접하게 관련된다. 만약 북부 지역에 있는 갈라디아 사람들에게 보냈다고 주장한다면, 그 기록 시기는 AD 50-57년이 될 수 있다. 그러나 바울이 이 서신을 1차 전도여행 때 설립했던 갈라디아 남부 지역의 여러 교회들에 보냈기 때문에, AD 48년경으로 보는 것이 더 설득력이 있다.

수신자

이 서신을 누구에게 보냈는지에 관한 논쟁은 학자들 사이에서 계속되어 왔다. 논쟁의 핵심은 이 서신을 갈라디아 북부 지역에 있는 갈라디아 사람들에게 보냈는지(북갈라디아설) 아니면 바울이 1차 전도여행 동안 방문했던 남부 도시들에 보냈는지(남갈라디아설)에 대해서다. 비록 두 가지 이론이 모두 설득력을 가진다고 해도, 바울이 1차 전도여행을 통해 방문한 도시에 세웠던 교회들을 위해 이 서신을 기록했다는 설에 좀 더 무게가 실리는 것으로 보인다.

기록 목적

바울은 외부에서 들어온 거짓 선생들이 갈라디아에 있는 성도들을 미혹하고 있다는 것을 알게 되었다. 거짓 선생들은 성도들을 바울이 가르쳤던 복음의 진리로부터 떠나도록 미혹했고(1:7; 4:17), 아브라함의 진정한 자손들은 할례를 받아야 한다고 주장했다(3-4장). 무엇보다도 거짓 선생들은 바울의 사도권을 부정하며, 그의 권위를 무너뜨리면서 교회를 혼란시켰다. 이러한 위기 상황에 처해 있는 갈라디아 교인들에게 바울은 자신의 사도권의 정당성(1:11-12)뿐만 아니라, 진정한 복음의 진리가 무엇인지에 대하여 설명하기 위해 이 서신을 기록했다.

주요 내용

본서에는 다음과 같은 중요한 내용이 담겨 있다. 바울의 사도적 권위 변호, 갈라디아 교회에 나타난 문제, 바울이 사도가 되기까지의 과정(하나님의 부르심과 계시, 사도로서 바울의 준비, 사도로 인정됨), 바울이 전하는 복음의 기원, 바울이 선포한 복음의 성격, 거짓 선생들의 잘못된 가르침, 믿음의 자유, 율법과 약속, 그리스도를 통한 자유, 성령의 인도하심, 성도의 교제 등이 그 내용이다.

단락 구분

갈라디아서의 가장 근본적인 주제는 '복음', 즉 '그리스도의 십자가'다. 실제로 이 서신에서 다루어지는 주요한 문제들과 관련하여, 바울은 반복적으로 갈라디아 교인들에게 십자가의 중요성에 대해서 강조한다(1:4; 2:19-21; 3:1,13; 4:4-5; 5:1,11,14). 이처럼 '복음'이라는 큰 주제를 고려한 본서의 단락 구분은 다음과 같다.

1. 서신의 서론: 바울이 선포한 복음(1:1-2:21)
  1) 인사: 바울의 사도적 권위(1:1-5)
  2) 서신의 주제: 다른 복음은 없다(1:6-10)
  3) 바울이 선포한 복음(1:11-2:21)
    - 하나님의 부르심과 계시(1:11-17)
    - 사도로서 바울의 준비(1:18-24)
    - 사도로서 인정을 받음(2:1-10)
    - 사도로서 바울의 권위(2:11-14)
    - 바울이 전하는 복음(2:15-21)

2. 경험과 성경으로부터 논증되는 바울의 복음(3:1-4:11)
  1) 경험으로부터 논증: 행함이 아니라 믿음으로 성령을 받음(3:1-5)
  2) 성경으로부터 논증: 믿음을 통해 오는 아브라함의 축복(3:6-14)
  3) 구원 역사로부터 논증: 하나님께서 미리 정하신 언약의 우월성(3:15-4:11)

3. 복음의 능력: 율법으로부터의 자유와 성령 안에서의 자유(4:12-6:10)
  1) 율법으로부터 자유함(4:12-20)
  2) 자유함 속에 거함(4:21-5:1)
  3) 잘못된 권면을 버리라(5:2-12)
  4) 성령 안에서 자유함을 누리라(5:13-6:10)

4. 마지막 훈계 및 결론(6:11-18)

☐ 묵상 체크

01
월   일

선포된 복음 그 자체의 중요성

갈라디아서 1:1-10 • 새찬송 520장 | 통일 257장

• 말씀묵상 전에 성령님의 인도하심을 구하는 기도를 드리십시오.

> **본문요약** | 바울은 자신이 선포했던 복음에서 돌아서려고 하는 갈라디아 교인들에 대해 놀라움을 표현한다. 바울은 자신이 처음 전했던 복음의 내용을 강조하면서 만약 어느 누구라도 "다른 복음"을 전한다면 저주를 받을 것이라고 설명한다.

1 사람들에게서 난 것도 아니요 사람으로 말미암은 것도 아니요 오직 예수 그리스도와 그를 죽은 자 가운데서 살리신 하나님 아버지로 말미암아 사도 된 바울은
2 함께 있는 모든 형제와 더불어 갈라디아 여러 교회들에게
3 우리 하나님 아버지와 주 예수 그리스도로부터 은혜와 평강이 있기를 원하노라
4 그리스도께서 하나님 곧 우리 아버지의 뜻을 따라 이 악한 세대에서 우리를 건지시려고 우리 죄를 대속하기 위하여 자기 몸을 주셨으니
5 영광이 그에게 세세토록 있을지어다 아멘
6 그리스도의 은혜로 너희를 부르신 이를 이같이 속히 떠나 다른 복음을 따르는 것을 내가 이상하게 여기노라
7 다른 복음은 없나니 다만 어떤 사람들이 너희를 교란하여 그리스도의 복음을 변하게 하려 함이라
8 그러나 우리나 혹은 하늘로부터 온 천사라도 우리가 너희에게 전한 복음 외에 다른 복음을 전하면 저주를 받을지어다
9 우리가 전에 말하였거니와 내가 지금 다시 말하노니 만일 누구든지 너희가 받은 것 외에 다른 복음을 전하면 저주를 받을지어다
10 이제 내가 사람들에게 좋게 하랴 하나님께 좋게 하랴 사람들에게 기쁨을 구하랴 내가 지금까지 사람들의 기쁨을 구하였다면 그리스도의 종이 아니니라

1. 오늘 하나님께서 나에게 주신 깨달음은 무엇입니까?

2. 말씀을 어떻게 내 삶에 구체적으로 적용해야 합니까?

절별 해설

1 갈라디아 교회에서 몇몇 거짓 선생들은 바울이 진정한 사도가 아니라고 주장했다. 이에 대해 바울은 자신의 사도권은 예수 그리스도와 하나님 아버지로부터 온 것이라고 주장한다. 왜냐하면 바울은 다메섹 도상에서 예수 그리스도를 직접 만났을 뿐만 아니라(행 9:1-7) 이방인들에게 복음을 선포하도록 부름을 받았기 때문이다(롬 11:13; 갈 1:16; 딤전 2:7).

3 은혜와 평강 "은혜"는 하나님께서 자신의 백성들에게 무조건적으로 부어 주시는 변함없는 사랑이다. 이 은혜의 결과로서 나타나는 것이 평강이다. 이 평강은 하나님과 사람들의 관계뿐만 아니라 사람들 사이의 관계에서 형성된 화평한 상태를 의미한다.

4 그리스도께서 하나님 곧 우리 아버지의 뜻을 따라 이 악한 세대에서 우리를 건지시려고 우리 죄를 대속하기 위하여 자기 몸을 주셨으니 예수 그리스도의 십자가 사건은 구약성경에서 예언된 약속의 성취이며(사 31:5; 60:16; 겔 34:27), 새 시대의 시작을 의미한다. 그러나 비록 성도들이 구원(생명)의 영역으로 옮겨졌다 할지라도 아직 '옛 세대'(죄)의 영향력은 완전히 사라지지 않았다. 이러한 상태는 예수 그리스도께서 다시 이 땅에 재림할 때까지 지속될 것이다. 그래서 바울은 "이 악한 세대"를 따르지 않도록 권면하고(롬 12:2), 그리스도의 십자가를 붙잡고 "오는 세상"의 삶을 살아야 한다고 가르친다(엡 1:21).

6 그리스도의 은혜로 너희를 부르신 이를 이같이 속히 떠나 다른 복음을 따르는 것을 내가 이상하게 여기노라 바울이 선포한 복음에 믿음으로 반응했던 갈라디아에 있는 성도들은 얼마 있지 않아 "다른 복음"으로 돌아서려고 했다. 그들의 태도는 모세가 산에서 내려오기 전에 금송아지를 만들고 경배했던 이스라엘 백성들을 상기시킨다(출 32:8). 여기서 "다른 복음"은 갈라디아서 전체를 고려할 때, 율법과 할례를 통해 구원을 얻을 수 있다는 거짓 선생들의 가르침이다.

8 그러나 우리나 혹은 하늘로부터 온 천사라도 우리가 너희에게 전한 복음 외에 다른 복음을 전하면 저주를 받을지어다 바울은 자기 자신이나 하늘에서 온 천사라도 만약 다른 복음을 전한다면 저주를 받을 것이라고 설명한다. 다시 말해 복음을 전한 '누군가'가 중요한 것이 아니라, 복음의 내용 그 자체가 중요하다는 것이다. 아무리 위대한 사도라고 할지라도 만약 다른 복음을 전한다면 이것은 단순히 교회에서 추방하는 문제로 그치는 것이 아니라, 하나님과 영원히 분리되는 파멸을 당할 것이라고 바울은 강조한다.

쉬운성경

1 사람들이 뽑은 것도 아니요, 사람들이 보낸 것도 아니요, 예수 그리스도와 그분을 죽은 사람 가운데서 살리신 하나님 아버지께서 사도로 삼으셔서, 사도가 된 나 바울이,

2 나와 함께 있는 모든 형제들과 함께 갈라디아에 있는 여러 교회에 이 편지를 씁니다.

3 하나님 우리 아버지와 주 예수 그리스도께서 여러분에게 은혜와 평안을 주시기를 바랍니다.

4 예수님께서는 하나님 우리 아버지의 뜻을 따라 이 악한 세상에서 우리를 건지시고, 우리 죄를 씻기 위해 자기 몸을 바치셨습니다.

5 하나님께 영원토록 영광이 있기를 빕니다. 아멘.

6 하나님께서 그리스도의 은혜로 여러분을 부르셨는데, 여러분이 이렇게 빨리 다른 복음을 믿는다고 하니 놀라지 않을 수 없습니다.

7 실제로 다른 복음은 없습니다. 그러나 어떤 사람들이 여러분을 혼란스럽게 하여 그리스도의 복음을 바꾸려 하고 있습니다.

8 우리는 여러분에게 복음을 전했습니다. 그러므로 우리든지, 하늘에서 온 천사든지, 우리가 전한 복음이 아닌 다른 것을 전한다면, 그는 저주를 받아 마땅합니다.

9 내가 전에도 말했지만 이제 다시 말합니다. 여러분이 이미 받은 복음 외에 다른 것을 전하는 사람이 있다면, 그는 저주를 받아야 합니다.

10 내가 사람의 마음에 들게 하려는 것처럼 보입니까? 그렇지 않습니다. 나는

절별 해설

10 이제 내가 사람들에게 좋게 하랴 하나님께 좋게 하랴 사람들에게 기쁨을 구하랴 내가 지금까지 사람들의 기쁨을 구하였다면 그리스도의 종이 아니니라 그 당시 갈라디아 교회는 다수의 이방인 성도들과 소수의 유대인 성도들로 구성되었다. 거짓 선생들은 바울을 향하여 다수의 이방인들의 비위를 맞추기 위해 할례와 율법을 요구하지 않는다고 비난했던 것 같다. 이에 대해 바울은 사람들에게 기쁨을 구하는 종이 아니라, 오직 하나님을 위한 종임을 밝힌다.

> 오직 하나님의 마음을 기쁘시게 하려는 것뿐입니다. 내가 사람을 기쁘게 하려고 한다면, 나는 그리스도의 종이라고 할 수 없습니다.

저자의 묵상

사도 바울이 항상 직면했던 문제는 '사도로서의 권위'의 문제였다. 갈라디아 교회에 들어온 거짓 선생들은 바울의 사도성과 가르침을 반대함으로써 성도들의 마음을 흔들었고, 교회를 혼란에 빠뜨렸다. 이러한 상황에서 바울은 역사를 계획하신 하나님과 구원을 성취하신 예수 그리스도를 통하여 자신이 사도로 부름을 받았다고 주장한다.

　1차 전도여행에서 바울은 복음을 선포하여 갈라디아 지역에 교회들이 세워졌다. 그러나 얼마 지나지 않아 갈라디아 성도들은 거짓 선생들의 가르침에 미혹되었다. 이때 바울은 어느 누구나 다른 복음을 전한다면 저주를 받을 것이라고 선포한다. 여기에서 '어느 누구나'는 바울 자신과 하늘에서 온 천사도 포함된다. 어떤 의미에서 바울은 복음의 내용보다도 설교자에 마음을 빼앗기는 우리에게 중요한 메시지를 주고 있다. 다시 말해 말씀을 전달하는 설교자가 아니라 선포된 말씀 그 자체에 초점이 있다는 것이다. '설교자'가 권위가 있는 것은 설교를 잘해서가 아니라 복음의 내용 때문이라는 사실을 절대 잊지 말아야 하겠다.

> **무릎기도** 하나님, 누가 설교를 하는가보다는 성경 말씀 자체에 관심을 두게 하소서. 전달하는 사람보다는 선포된 복음 그 자체에 집중하게 하소서.

ESV - Galatians 1

1 Paul, an apostle—not from men nor through man, but through Jesus Christ and God the Father, who raised him from the dead—
2 and all the brothers* who are with me, To the churches of Galatia:
3 Grace to you and peace from God our Father and the Lord Jesus Christ,
4 who gave himself for our sins to deliver us from the present evil age, according to the will of our God and Father,
5 to whom be the glory forever and ever. Amen.
6 I am astonished that you are so quickly deserting him who called you in the grace of Christ and are turning to a different gospel—
7 not that there is another one, but there are some who trouble you and want to distort the gospel of Christ.
8 But even if we or an angel from heaven should preach to you a gospel contrary to the one we preached to you, let him be accursed.
9 As we have said before, so now I say again: If anyone is preaching to you a gospel contrary to the one you received, let him be accursed.
10 For am I now seeking the approval of man, or of God? Or am I trying to please man? If I were still trying to please man, I would not be a servant* of Christ.

* 1:2 Or *brothers and sisters*. In New Testament usage, depending on the context, the plural Greek word *adelphoi* (translated "brothers") may refer either to *brothers* or to *brothers and sisters*; also verse 11
* 1:10 For the contextual rendering of the Greek word *doulos*, see Preface

---

1 apostle 사도 raise 부활시키다   4 deliver from …에서 구해 내다 evil 사악한   6 astonished 깜짝 놀란 desert 버리다 gospel 복음   7 distort 왜곡하다   8 preach 전하다 contrary to …에 반하여 accursed 저주받은   9 receive 받다   10 seek 구하다 approval 호감 please 기쁘게 하다 servant 종

• MEMO •

☐ 묵상 체크

02
월   일

예수 그리스도의 계시로 말미암은 복음

갈라디아서 1:11-17 • 새찬송 531장 | 통일 321장

• 말씀묵상 전에 성령님의 인도하심을 구하는 기도를 드리십시오.

> **본문요약** | 거짓 선생들은 바울이 이방인 성도들의 기쁨을 구하기 위해 복음을 왜곡하고 있다고 공격했다. 이에 대해 바울은 자신이 선포한 복음은 사람의 뜻을 따라 된 것이 아니라 신적인 기원, 즉 예수 그리스도의 계시를 통하여 얻은 것이라고 설명한다.

11 형제들아 내가 너희에게 알게 하노니 내가 전한 복음은 사람의 뜻을 따라 된 것이 아니니라
12 이는 내가 사람에게서 받은 것도 아니요 배운 것도 아니요 오직 예수 그리스도의 계시로 말미암은 것이라
13 내가 이전에 유대교에 있을 때에 행한 일을 너희가 들었거니와 하나님의 교회를 심히 박해하여 멸하고
14 내가 내 동족 중 여러 연갑자보다 유대교를 지나치게 믿어 내 조상의 전통에 대하여 더욱 열심이 있었으나
15 그러나 내 어머니의 태로부터 나를 택정하시고 그의 은혜로 나를 부르신 이가
16 그의 아들을 이방에 전하기 위하여 그를 내 속에 나타내시기를 기뻐하셨을 때에 내가 곧 혈육과 의논하지 아니하고
17 또 나보다 먼저 사도 된 자들을 만나려고 예루살렘으로 가지 아니하고 아라비아로 갔다가 다시 다메섹으로 돌아갔노라

1. 오늘 하나님께서 나에게 주신 깨달음은 무엇입니까?

2. 말씀을 어떻게 내 삶에 구체적으로 적용해야 합니까?

절별 해설

11 형제들아 내가 너희에게 알게 하노니 내가 전한 복음은 사람의 뜻을 따라 된 것이 아니라 갈라디아 교회에 들어온 거짓 선생들(유대주의자들)은 할례를 행하고 율법을 준수하는 것이 복음의 핵심이라고 주장했다. 그래서 그들은 '오직 믿음'의 원리를 담고 있는 바울의 복음은 사람들(특별히 이방인 성도들)의 마음에 들게 하려고 고안된 것이라고 공격했다. 이에 대해 바울은 자신이 선포한 복음은 사람의 뜻을 따라 된 것이 아니라, 신적인 기원을 갖는다고 주장한다.

12 이는 내가 사람에게서 받은 것도 아니요 배운 것도 아니요 오직 예수 그리스도의 계시로 말미암은 것이라 본절에서 바울은 자신이 어떤 것도 배우거나 받지 않았다는 것을 의도하지 않는다. 왜냐하면 바울은 고린도 교회에 보낸 서신에서 "내가 받은 것을 먼저 너희에게 전하였노니 이는 성경대로"(고전 15:3)라고 분명하게 말하기 때문이다. 교회를 박해했던 바울은 초대 교회 성도들이 어떠한 주장들을 하고 있었는지 틀림없이 알고 있었을 것이다(행 9장). 여기서 '계시'는 부활하신 그리스도께서 친히 바울에게 나타나셨던 다메섹 사건과 관련된다(행 9:3 이하).

13 하나님의 교회 바울은 회심하기 전에 여러 지역에 퍼져 있었던 많은 교회들을 박해했다. 그러나 여기에 사용된 '교회'는 좀 더 넓은 의미로서 '영적으로 진정한 이스라엘'을 의미한다.

14 내 조상의 전통 이것은 구약성경 자체가 아니라, 여러 세대에 걸쳐 구전되었던 바리새인들이 가르쳤던 삶의 방식을 의미한다(막 7:3).

15 그러나 내 어머니의 태로부터 나를 택정하시고 그의 은혜로 나를 부르신 이가 마치 이사야(사 49:1)와 예레미야(렘 1:5)가 모태에서부터 부름을 받았던 것처럼, 바울은 자신 역시 모태에서부터 부름받았다는 것을 강조한다.

16 그의 아들을 이방에 전하기 위하여 그를 내 속에 나타내시기를 기뻐하셨을 때에 하나님은 바울을 이방인을 위한 사도로 불러주셨다. 그렇다고 바울이 유대인들과 전혀 상관없는 사역을 했다는 것이 아니다. 왜냐하면 바울 자신이 받았던 이방인을 향한 사명이 자신의 동족인 유대인을 깨닫게 하기 위한 수단임을 인식하고 있었기 때문이다(롬 11장).

내가 곧 혈육과 의논하지 아니하고 바울은 다메섹 도상에서 체험한 계시에 대해서 그것이 옳은지 그른지 어느 누구와도 상의하지 않았다.

17 바울은 다메섹 도상 사건 이후 바로 회당에서 예수를 메시아로서 선포했다(행 9:20). 또한 다메섹에서 잠깐 시간을 보낸 후 바울은 아라비아에서 복음을 전하고(고후 11:32-33) 다시 다메섹으로 돌아왔다.

쉬운성경

11 형제들이여, 내가 여러분에게 전한 복음은 사람들에게서 나온 것이 아니라는 것을 알기 바랍니다.

12 그것은 내가 사람에게서 얻은 것도 아니고, 사람에게서 배운 것도 아닙니다. 그것은 예수 그리스도께서 내게 보여주신 것입니다.

13 여러분은 내가 어떻게 살아왔는가를 들었을 것입니다. 나는 유대교에 속한 사람이었습니다. 나는 하나님의 교회를 몹시 박해했을 뿐 아니라, 아예 없애 버리려고까지 계획했습니다.

14 나는 나와 나이가 비슷한 다른 유대인들보다 더 열심히 유대교를 믿었습니다. 또한 그 누구보다도 조상들의 전통을 지키는 데 열심이었습니다.

15 그러나 내가 태어나기 전부터 하나님께서는 나를 따로 세우셔서 은혜로 나를 부르셨습니다.

16 그래서 나에게 하나님의 아들에 관한 복음을 이방인에게 전하게 하시려고, 하나님께서 그 아들을 내게 보이셨습니다. 하나님께서 나를 부르셨을 때에 나는 어떤 혈육을 통해서도 가르침이나 도움을 받지 않았습니다.

17 나보다 먼저 사도가 된 사람들을 만나기 위해 예루살렘으로 올라가지도 않았습니다. 오히려 나는 곧바로 아라비아로 갔다가 다마스커스로 되돌아갔습니다.

저자의 묵상

바울은 나사렛 예수를 믿었던 사람들을 박해하기 위해 다메섹 도상으로 향하여 가던 중, 인생의 전환점을 맞이하게 된다. 그것은 바울의 귓가에 명확하게 들렸던 예수님의 목소리 때문이었다(행 9장). 그 사건 이후 바울은 예수님이 구약에서 약속된 메시아임을 믿게 되었고, 다메섹과 아라비아에서 복음을 선포하게 되었다. 하나님은 바울 스스로는 도저히 깨달을 수 없었던 복음의 진리를 깨닫게 하시려고 그의 인생에 나타나셨다. 중요한 것은 바로 그 하나님이 우리의 인생에서도 동일하게 역사하신다는 것이다. 그래서 우리는 '내 스스로 예수 그리스도를 믿었다'라고 말할 수 없다. 왜냐하면 하나님이 역사하시지 않는다면, 이 세상 어느 누구도 하나님을 알 수 없고 또한 믿을 수 없기 때문이다.

무릎 기도 하나님, 예수님을 그리스도로 고백하도록 저를 불러 주셔서 감사합니다. 이제 그 주님을 주변의 사람들에게 전하게 하소서.

ESV - Galatians 1

11 For I would have you know, brothers, that the gospel that was preached by me is not man's gospel.*
12 For I did not receive it from any man, nor was I taught it, but I received it through a revelation of Jesus Christ.
13 For you have heard of my former life in Judaism, how I persecuted the church of God violently and tried to destroy it.
14 And I was advancing in Judaism beyond many of my own age among my people, so extremely zealous was I for the traditions of my fathers.
15 But when he who had set me apart before I was born,* and who called me by his grace,
16 was pleased to reveal his Son to* me, in order that I might preach him among the Gentiles, I did not immediately consult with anyone;*
17 nor did I go up to Jerusalem to those who were apostles before me, but I went away into Arabia, and returned again to Damascus.

* 1:11 Greek *not according to man*
* 1:15 Greek *set me apart from my mother's womb*
* 1:16 Greek *in*
* 1:16 Greek *with flesh and blood*

11 gospel 복음　preach 전하다　12 revelation 계시　13 Judaism 유대교　persecute 박해하다　violently 극심하게　destroy 파멸시키다　14 advance 주창하다　zealous 열심인　tradition 전통　16 reveal 나타내다　in order that …하기 위해　gentile 이방인　immediately 즉시　consult with … 와 상의하다　17 apostle 사도

03 바울이 선포한 복음

월 일

갈라디아서 1:18-24 • 새찬송 90장 | 통일 98장

• 말씀묵상 전에 성령님의 인도하심을 구하는 기도를 드리십시오.

> **본문요약** | 바울은 자신이 선포한 복음이 인간적인 관계를 통해서 만들어진 것이 아니라, 신적인 기원을 가지고 있음을 설명한다. 그래서 바울이 예루살렘에 갔을 때에도 베드로와 야고보를 짧은 기간 동안 만났으며, 유대 지역에 있는 성도들도 자신을 알아보지 못했음을 강조한다.

18 그 후 삼 년 만에 내가 게바를 방문하려고 예루살렘에 올라가서 그와 함께 십오 일을 머무는 동안
19 주의 형제 야고보 외에 다른 사도들을 보지 못하였노라
20 보라 내가 너희에게 쓰는 것은 하나님 앞에서 거짓말이 아니로다
21 그 후에 내가 수리아와 길리기아 지방에 이르렀으나
22 그리스도 안에 있는 유대의 교회들이 나를 얼굴로는 알지 못하고
23 다만 우리를 박해하던 자가 전에 멸하려던 그 믿음을 지금 전한다 함을 듣고
24 나로 말미암아 하나님께 영광을 돌리니라

1. 오늘 하나님께서 나에게 주신 깨달음은 무엇입니까?

2. 말씀을 어떻게 내 삶에 구체적으로 적용해야 합니까?

절별 해설

18 그 후 삼 년 만에 바울은 다메섹 도상 사건 이후 어떤 사도 만나지 않은 상태에서 3년 동안 아라비아와 다메섹에서 복음을 선포했다.

내가 게바를 방문하려고 예루살렘에 올라가서 그와 함께 십오 일을 머무는 동안 15일 동안 바울과 베드로는 함께 머물면서 좋은 교제를 가졌다. 베드로는 바울에게 예수님이 말씀하셨던 것들과 행하셨던 일들을 들려주었을 것이고, 마찬가지로 바울은 베드로에게 다메섹 도상에서 일어났던 일과 그 이후 자신이 어떻게 복음을 선포했는지를 들려주었을 것이다. 분명한 것은 베드로는 바울이 선포했던 복음에 새로운 가르침을 더하지 않았다는 것이다. 왜냐하면 바울은 자신이 선포한 복음이 인간적인 가르침으로부터 기인하지 않는다는 것을 본문에서 강조하고 있기 때문이다.

19 주의 형제 야고보 야고보는 처음에 예수님을 메시아로 믿지 않았지만(막 3:21, 31-35), 부활하신 예수님을 만난 이후(고전 15:7) 성도가 되었고, 예루살렘 교회에서 중요한 역할을 감당했다(행 12:17; 15:13-21; 21:18-25).

다른 사도들 처음에는 예수님의 열두 제자를 사도로 불렀다. 그러나 초대 교회 안에서 이 직분의 개념이 좀 더 확장된 것처럼 보인다(고전 15:5-7). 그래서 주의 형제인 야고보도 사도의 위치를 갖고 있었던 것 같다.

20 보라 내가 너희에게 쓰는 것은 하나님 앞에서 거짓말이 아니로다 거짓 선생들은 바울이 사도들로부터 가르침을 받은 후에 임의대로 그 가르침을 왜곡했다고 주장했다. 이에 대해 바울은 유대에 있는 사도들로부터 어떠한 가르침도 받은 적이 없다고 강력하게 주장한다.

21 그 후에 내가 수리아와 길리기아 지방에 이르렀으나 바울은 자신이 선포한 복음이 사람들로부터 배운 것이 아님을 강조하기 위해, 예루살렘에 머문 지 얼마 되지 않아서 바로 수리아와 길리기아 지방으로 이동하였다는 것을 강조한다.

23-24 그 믿음 이 용어는 기독교 신앙을 의미한다. 비록 유대에 있는 성도들은 바울을 개인적으로 알지 못했지만, 그들은 바울의 회심에 대해서 의심하지 않았다. 다만 바울에게 일어난 역사, 즉 "우리를 박해하던 자가 전에 멸하려던 그 믿음을 지금 전한다"는 말을 듣고 하나님께 영광을 돌렸다.

쉬운성경

18 삼 년 뒤에 나는 베드로를 만나려고 예루살렘으로 가서, 그와 보름 동안을 함께 지냈습니다.

19 그리고 주님의 동생 야고보 외에는 그 어떤 다른 사도도 만나지 않았습니다.

20 내 말이 거짓이 아니라는 것은 하나님께서 아십니다.

21 그 후에 나는 시리아와 길리기아 지방으로 갔습니다.

22 유대에 있는 그리스도의 교회들은 나를 한 번도 만나지 못했습니다.

23 다만 나에 대해서 "한때 우리를 박해했던 이 사람이 지금은 박해하던 그 믿음을 전하고 있다"는 말만 들었을 뿐입니다.

24 그래서 이 성도들은 나로 인해서 하나님께 찬양했습니다.

저자의 묵상

갈라디아 교회에 들어온 거짓 선생들은 바울이 사도들로부터 가르침을 받았지만, 그 가르침을 자의대로 왜곡하고 있다고 주장했다. 거짓 선생들의 주장은 갈라디아 교인들의 마음을 흔들어 놓기에 충분했다. 거짓 선생들의 잘못된 주장과 교인들의 오해에 대해서 바울은 자신이 예루살렘에 간 것은 사실이지만, 무언가를 배울 만한 기간이 아니었음을 강조한다. 바울은 자신의 말이 거짓이 아님을 하나님께서 아신다고 고백한다.

우리의 삶에도 크고 작은 오해들이 가득하다. 아무리 설명하고 사실을 말해도 이미 뒤틀린 시각을 되돌리기에는 역부족일 때가 있다. 그럴 때일수록 모든 진실을 알고 계시는 하나님께 집중해야 한다. 또한 우리의 심정을 가장 잘 아시고 이해해 주시는 하나님께 기도하며 나아가야 한다.

> **무릎기도** 살아계신 하나님! 저를 향한 크고 작은 오해가 저를 지치게 만듭니다. 모든 것을 아시는 주님께서 저의 마음을 만져 주소서.

ESV - Galatians 1

18 Then after three years I went up to Jerusalem to visit Cephas and remained with him fifteen days.
19 But I saw none of the other apostles except James the Lord's brother.
20 (In what I am writing to you, before God, I do not lie!)
21 Then I went into the regions of Syria and Cilicia.
22 And I was still unknown in person to the churches of Judea that are in Christ.
23 They only were hearing it said, "He who used to persecute us is now preaching the faith he once tried to destroy."
24 And they glorified God because of me.

18 remain 머무르다   19 apostle 사도   21 region 지방   23 persecute 박해하다   preach 전하다   faith 믿음   destroy 파멸시키다   24 glorify 찬미하다

☐ 묵상 체크

04
월 일

바울이 전파하는 온전한 복음
갈라디아서 2:1-10 • 새찬송 84장 | 통일 96장

• 말씀묵상 전에 성령님의 인도하심을 구하는 기도를 드리십시오.

> **본문요약 |** 본문에서는 바울의 제3차 예루살렘 방문과 예루살렘 공의회에서 결정된 사항이 언급된다. 예루살렘 교회의 지도자들은 바울이 전파하는 믿음으로 말미암는 구원의 복음에 어떠한 의무도 더하지 않았고, 바울을 이방인들을 위한 사도로서 인정했다.

1 십사 년 후에 내가 바나바와 함께 디도를 데리고 다시 예루살렘에 올라갔나니
2 계시를 따라 올라가 내가 이방 가운데서 전파하는 복음을 그들에게 제시하되 유력한 자들에게 사사로이 한 것은 내가 달음질하는 것이나 달음질한 것이 헛되지 않게 하려 함이라
3 그러나 나와 함께 있는 헬라인 디도까지도 억지로 할례를 받게 하지 아니하였으니
4 이는 가만히 들어온 거짓 형제들 때문이라 그들이 가만히 들어온 것은 그리스도 예수 안에서 우리가 가진 자유를 엿보고 우리를 종으로 삼고자 함이로되
5 그들에게 우리가 한시도 복종하지 아니하였으니 이는 복음의 진리가 항상 너희 가운데 있게 하려 함이라
6 유력하다는 이들 중에 (본래 어떤 이들이든지 내게 상관이 없으며 하나님은 사람을 외모로 취하지 아니하시나니) 저 유력한 이들은 내게 의무를 더하여 준 것이 없고
7 도리어 그들은 내가 무할례자에게 복음 전함을 맡은 것이 베드로가 할례자에게 맡음과 같은 것을 보았고
8 베드로에게 역사하사 그를 할례자의 사도로 삼으신 이가 또한 내게 역사하사 나를 이방인의 사도로 삼으셨느니라
9 또 기둥같이 여기는 야고보와 게바와 요한도 내게 주신 은혜를 알므로 나와 바나바에게 친교의 악수를 하였으니 우리는 이방인에게로, 그들은 할례자에게로 가게 하려 함이라
10 다만 우리에게 가난한 자들을 기억하도록 부탁하였으니 이것은 나도 본래부터 힘써 행하여 왔노라

1. 오늘 하나님께서 나에게 주신 깨달음은 무엇입니까?

2. 말씀을 어떻게 내 삶에 구체적으로 적용해야 합니까?

절별 해설

1 십사 년 후에 바울의 회심 이후 14년을 가리키지 않고, 예루살렘 방문 이후 14년을 가리키는 듯하다(1:18, 21).
바나바 바나바는 바울과 함께 안디옥 교회에서 사역을 했으며(행 11:25-26), 바울의 1차 전도여행 때에도 동행했다(행 13-14장).
디도 디도는 바울의 동료 사역자로서 고린도에 있는 교회에서 중요한 역할을 담당했다(고후 8:23).

2 계시를 따라 올라가 내가 이방 가운데서 전파하는 복음을 그들에게 제시하되 유력한 자들에게 사사로이 한 것은 내가 달음질하는 것이나 달음질한 것이 헛되지 않게 하려 함이라 이것은 사도행전 11:27-30에 나타난 바울과 바나바의 예루살렘 방문을 가리킨다. '유력한 자들'은 예루살렘 교회의 지도자 역할을 했던 베드로, 야고보(주의 형제), 요한이었다. 바울과 유력한 자들과의 만남은 사도행전 15장과 같은 공적인 성격이 아니었음을 보여준다. 바울은 예루살렘 교회 지도자들의 공식적인 승인이 필요했다. 만약 그 지도자들이 바울이 전파하는 믿음으로 말미암는 구원의 복음을 인정하지 않는다면, 바울이 전파한 복음을 받아들인 이방인 성도들과 유대에 있는 성도들의 관계는 힘들어졌을 것이다.

4 거짓 형제들 여기에 언급된 '거짓 형제들'은 갈라디아 교회들을 어지럽혔던 '거짓 선생들'과 같은 부류다. 그들은 구원을 얻기 위해서는 할례를 받고 율법을 준수해야 한다고 주장했다. 다시 말해, 거짓 선생들은 구원을 '하나님의 은혜로 얻은 선물'이 아니라 '인간적인 노력(방법)'으로 얻을 수 있는 것으로 믿었다.

6 하나님은 사람을 외모로 취하지 아니하시나니 여기서는 '외모를 보지 않으신다'는 말이 아니라 '편애하지 않으신다' 또는 '차별 대우하지 않으신다'는 말이다. 바울은 하나님 앞에서 모든 사람이 동일하다는 것을 강조한다.

7-9 예루살렘 교회 지도자들은 하나님이 할례를 받은 유대인들을 위한 사도로서 베드로를 세우셨던 것처럼, 동일한 하나님이 할례를 받지 않은 이방인들을 위한 사도로 바울을 세우셨다는 것을 인정했다.

10 다만 우리에게 가난한 자들을 기억하도록 부탁하였으니 이것은 나도 본래부터 힘써 행하여 왔노라 예루살렘 교회 지도자들은 바울에게 가난한 자들을 기억하도록 부탁했다. 여기에서 '가난한 자들'은 유대인 성도들을 뜻한다. 실제로 바울이

쉬운성경

1 십사 년이 지나서, 나는 다시 예루살렘으로 갔습니다. 이번에는 바나바와 디도를 데리고 갔습니다.

2 예루살렘으로 간 것은 하나님께서 그렇게 하라고 계시하셨기 때문입니다. 나는 거기에서 교회의 지도자들을 만났습니다. 그들과 따로 만나서 내가 이방인들에게 전하는 복음을 설명해 주었습니다. 그것은 내가 전에 한 일이나 지금 하고 있는 일이 헛되지 않기를 바랐기 때문입니다.

3 나와 함께 있던 디도는 비록 그리스 사람이지만 나는 그에게 억지로 할례를 베풀지는 않았습니다.

4 우리 가운데 거짓 형제들이 몰래 들어왔기 때문에, 우리는 이 문제에 대해서 이야기를 했습니다. 그들은 우리를 다시 율법의 종으로 만들고, 그리스도 예수 안에서 우리가 누리는 자유를 엿보려고 정탐꾼처럼 끼어들었습니다.

5 그러나 우리는 그 거짓 형제들의 뜻을 조금도 따르지 않았습니다. 우리는 복음의 진리가 늘 여러분과 함께 있기를 바랐습니다.

6 저 귀하다고 하는 사람들도 내가 전하는 복음을 바꾸지 못했습니다(그들이 귀한 사람이든 아니든 그것은 중요하지 않습니다. 하나님께서는 사람을 겉으로 판단하지 않으시기 때문입니다).

7 오히려 그 지도자들은 하나님께서 베드로를 통해 할례를 받은 유대인들에게 복음을 전하도록 하신 것처럼, 내게도 할례를 받지 않은 이방인들에게 복음을 전하는 일을 맡기셨다는 것을 알게 되었습니다.

8 하나님께서는 베드로에게 유대인을 위해 사도로 일할 권리를 주셨고, 내게는 이방인을 위해 사도로 일할 권리를 주셨습니다.

절별 해설

지금 예루살렘을 방문한 주요 목적 중 하나가 극심한 기근으로 어려움을 겪고 있는 예루살렘 교회에 구제 헌금을 전달하는 것이었다(행 11:27-30). 그래서 바울은 이러한 일을 '힘써 행하여 왔다'고 말할 수 있었다.

> 9 지도자로 인정받던 야고보와 베드로*와 요한은 하나님께서 내게 주신 특별한 은혜를 깨닫고, 바나바와 나를 인정했습니다. 그리고 그들은 "바울과 바나바여, 그대들은 이방인에게 가십시오. 우리는 유대인에게 가겠습니다"라고 말했습니다.
>
> 10 그들은 우리에게 한 가지, 곧 가난한 사람들을 기억해 달라고 부탁했는데, 그것은 사실 내가 힘써 해 오던 일입니다.
>
> * 2:9 '게바'라고도 한다.

저자의 묵상

바울은 다메섹 도상에서 예수님을 만난 이후 복음 전도자의 삶을 살게 되었다. 그렇게 기다렸던 메시아가 바로 자신이 박해했던 예수라는 사실을 깨닫자마자, 바울은 이제 예수를 그리스도라고 알리며, 그리스도 안에 성취된 하나님의 구원을 선포했다. 바울은 예루살렘 공의회에서 자신이 이방에 전파한 복음과 그의 사도권의 신적 기원을 역설했다. 바울은 예루살렘 교회 지도자들로부터 그의 사도권과 복음사역을 공적으로 인정받았다.

바울이 자신에게 주어진 사역이 하나님으로부터 온 사명임을 알고 기쁨으로 감당했던 것처럼, 과연 우리 안에 그러한 기쁨이 있는지 자기 자신에게 질문해야 한다. 또한 우리가 교회에서 감당하는 일들은 하나님이 가장 적합한 사람에게 부여하신 사명임을 잊지 말고 나아가야 하겠다.

무릎기도 은혜의 주님! 저에게 사명을 주신 주님께 감사를 드립니다. 기쁨과 열정으로 그 사명을 감당할 수 있도록 저에게 은혜를 부어 주소서.

ESV - Galatians 2

1 Then after fourteen years I went up again to Jerusalem with Barnabas, taking Titus along with me.
2 I went up because of a revelation and set before them (though privately before those who seemed influential) the gospel that I proclaim among the Gentiles, in order to make sure I was not running or had not run in vain.
3 But even Titus, who was with me, was not forced to be circumcised, though he was a Greek.
4 Yet because of false brothers secretly brought in—who slipped in to spy out our freedom that we have in Christ Jesus, so that they might bring us into slavery—
5 to them we did not yield in submission even for a moment, so that the truth of the gospel might be preserved for you.
6 And from those who seemed to be influential (what they were makes no difference to me; God shows no partiality)—those, I say, who seemed influential added nothing to me.
7 On the contrary, when they saw that I had been entrusted with the gospel to the uncircumcised, just as Peter had been entrusted with the gospel to the circumcised
8 (for he who worked through Peter for his apostolic ministry to the circumcised worked also through me for mine to the Gentiles),
9 and when James and Cephas and John, who seemed to be pillars, perceived the grace that was given to me, they gave the right hand of fellowship to Barnabas and me, that we should go to the Gentiles and they to the circumcised.
10 Only, they asked us to remember the poor, the very thing I was eager to do.

2 revelation 계시 influential 유력한 gospel 복음 proclaim 선포하다 gentile 이방인 in vain 헛되이   3 force 강요하다 circumcise 할례를 베풀다   4 slip in 알아채지 않게 들어오다 spy out 정탐하다 slavery 노예제   5 yield 굴복하다 submission 복종 preserve 보존하다   6 partiality 편애   7 on the contrary 이와 반대로 entrust with …을 맡기다   8 apostolic 사도의   9 pillar 기둥 perceive 알아차리다 fellowship 친교   10 eager 열심인

• MEMO •

☐ 묵상 체크

05
오직 믿음을 통해

월 일

갈라디아서 2:11-21 • 새찬송 149장 | 통일 147장

• 말씀묵상 전에 성령님의 인도하심을 구하는 기도를 드리십시오.

> **본문요약** ㅣ 모든 사람은 율법에서 요구하는 행위들을 완벽하게 준수할 수 없기 때문에 죄인이다. 바울은 하나님 앞에서 의롭게 되는 것은 오직 믿음을 통해서임을 강조한다. 만약 누군가 구원을 위해 율법으로 돌아간다면, 그것은 하나님의 구원 역사를 거절하는 행위다.

11 게바가 안디옥에 이르렀을 때에 책망받을 일이 있기로 내가 그를 대면하여 책망하였노라
12 야고보에게서 온 어떤 이들이 이르기 전에 게바가 이방인과 함께 먹다가 그들이 오매 그가 할례자들을 두려워하여 떠나 물러가매
13 남은 유대인들도 그와 같이 외식하므로 바나바도 그들의 외식에 유혹되었느니라
14 그러므로 나는 그들이 복음의 진리를 따라 바르게 행하지 아니함을 보고 모든 자 앞에서 게바에게 이르되 네가 유대인으로서 이방인을 따르고 유대인답게 살지 아니하면서 어찌하여 억지로 이방인을 유대인답게 살게 하려느냐 하였노라
15 우리는 본래 유대인이요 이방 죄인이 아니로되
16 사람이 의롭게 되는 것은 율법의 행위로 말미암음이 아니요 오직 예수 그리스도를 믿음으로 말미암는 줄 알므로 우리도 그리스도 예수를 믿나니 이는 우리가 율법의 행위로써가 아니고 그리스도를 믿음으로써 의롭다 함을 얻으려 함이라 율법의 행위로써는 의롭다 함을 얻을 육체가 없느니라
17 만일 우리가 그리스도 안에서 의롭게 되려 하다가 죄인으로 드러나면 그리스도께서 죄를 짓게 하는 자냐 결코 그럴 수 없느니라
18 만일 내가 헐었던 것을 다시 세우면 내가 나를 범법한 자로 만드는 것이라
19 내가 율법으로 말미암아 율법에 대하여 죽었나니 이는 하나님에 대하여 살려 함이라
20 내가 그리스도와 함께 십자가에 못 박혔나니 그런즉 이제는 내가 사는 것이 아니요 오직 내 안에 그리스도께서 사시는 것이라 이제 내가 육체 가운데 사는 것은 나를 사랑하사 나를 위하여 자기 자신을 버리신 하나님의 아들을 믿는 믿음 안에서 사는 것이라
21 내가 하나님의 은혜를 폐하지 아니하노니 만일 의롭게 되는 것이 율법으로 말미암으면 그리스도께서 헛되이 죽으셨느니라

1. 오늘 하나님께서 나에게 주신 깨달음은 무엇입니까?

2. 말씀을 어떻게 내 삶에 구체적으로 적용해야 합니까?

절별 해설

12 안디옥을 방문한 베드로가 이방인들과 식사를 하고 있을 때 야고보가 보낸 사람들이 도착했다. 아마 그들은 '만약 베드로의 행동이 예루살렘에 알려지면 그곳에 있는 믿지 않는 유대인들은 기독교에 대해 불만을 터뜨릴 것이고, 유대인 성도들은 박해와 더불어 심한 어려움을 당하게 될 것'이라는 염려를 표현했을 것이다. 그들의 조언을 들었을 때 베드로는 할례자들을 두려워하여 이방인들과 먹는 것을 멈추었다.

14 모든 자 앞에서 게바에게 이르되 네가 유대인으로서 이방인을 따르고 유대인답게 살지 아니하면서 어찌하여 억지로 이방인을 유대인답게 살게 하려느냐 하였노라 베드로는 그리스도 안에서 구약의 모든 율법이 성취되었음을 믿었다. 그래서 베드로는 평상시에 이방인들과 구약에서 금한 음식들을 함께 먹을 수 있었다. 그런데 할례자들을 두려워하여 이방인들과 함께 먹던 식사를 멈추었던 베드로의 행동은 이방인들로 하여금 유대인의 음식법이 옳게 보이도록 하는 결과를 초래했다. 많은 학자들은 이 사건 때문에 바울과 베드로가 심각한 갈등을 겪게 되었을 것이라고 추정하지만, 그것은 잘못된 견해다. 왜냐하면 바울은 2:1-10에서 자신이 전한 복음이 예루살렘 지도자들(베드로, 야고보, 요한)에 의해 인정을 받게 되었다고 분명히 설명했기 때문이다.

19 내가 율법으로 말미암아 율법에 대하여 죽었나니 이는 하나님에 대하여 살려 함이라 그리스도는 율법 아래 태어나셨지만, 죄의 영향력 아래에 있지 않고 하나님의 율법을 완전히 지키셨다. 또한 그리스도는 성도들을 율법으로부터 자유하게 하기 위하여 죽으셨고, 옛 시대(율법)를 종결시키셨다(갈 4:4-5). 예수님을 믿게 될 때 성도들은 옛 영역(율법)에서 새 영역(생명)으로 이동하게 된다. 그런 의미에서 본절은 성도들의 옛 영역과의 완전한 분리를 의미한다.

20 내가 그리스도와 함께 십자가에 못 박혔나니 예수 그리스도를 믿는 순간, 성도들은 그리스도와 연합되어 그의 죽음과 부활에 동참하게 된다(롬 7:4).
그런즉 이제는 내가 사는 것이 아니요 이제 첫째 아담의 영역에 속했던 '나'는 죽고(롬 6:6; 엡 4:22), 둘째 아담(그리스도)의 영역에서 새로운 피조물이 되었다(엡 4:24; 골 3:10).

쉬운성경

11 베드로가 안디옥에 왔을 때, 그가 잘못한 일이 있어서 내가 그를 대면해서 나무랐습니다.

12 베드로가 안디옥에 와서 이방인들과 함께 먹고 있는데, 야고보가 보낸 유대인들이 오자 먹는 것을 그만두고 그 자리에서 물러갔습니다. 그는 할례를 받은 유대인들을 두려워했던 것입니다.

13 이처럼 베드로는 거짓된 행동을 했고, 다른 유대인 성도들도 거짓된 행동을 했습니다. 심지어 바나바조차 그들의 거짓된 행동에 유혹을 받았습니다.

14 나는 그들이 복음의 진리를 따르지 않는 것을 보고, 모든 사람 앞에서 베드로를 향해 "베드로여, 당신은 유대인이면서도 유대인처럼 살지 않고 이방인처럼 살면서, 어찌하여 이방인들에게 유대인처럼 살라고 합니까?" 하고 말했습니다.

15 우리는 이방인, 곧 '죄인'이 아니라 유대인으로 태어났습니다.

16 하지만 우리는 율법을 따른다고 해서 의롭다 함을 받는 것이 아니라, 예수 그리스도를 믿음으로 의롭다 함을 얻는 것을 압니다. 그래서 우리는 의롭다 함을 얻으려고 그리스도 예수를 믿었습니다. 우리가 의롭다 함을 얻는 것은 그리스도를 믿었기 때문이지, 율법을 지켰기 때문이 아닙니다. 율법으로는 어느 누구도 의롭다 함을 얻을 수 없습니다.

17 우리 유대인은 의롭다 함을 얻으려고 그리스도께 나아왔습니다. 그리하여 우리가 죄인이라는 것이 밝히 드러났습니다. 그렇다고 해서 그리스도께서 우리를 죄인으로 만드시는 것입니까? 그럴 수 없습니다.

18 내가 이미 헐어 버린 그것을 다시 가르친다면, 그것은 틀림없이 내가 죄를 짓는 것입니다.

19 나는 율법을 위해 사는 것을 그만두

절별 해설

오직 내 안에 그리스도께서 사시는 것이라 바울은 보통 성도들 안에 성령이 거하신다고 강조하지만(롬 8:9; 엡 2:22; 3:16), 또한 그들 안에 그리스도가 거하신다고 진술하기도 한다(롬 8:10; 고후 13:5). 그리스도가 성도들 안에 거하신다는 것은 구원의 역사의 새 시대가 시작되었음을 의미한다.

었습니다. 나는 율법에 의해 죽었습니다. 내가 율법을 향해 죽은 것은 하나님을 향해 살기 위한 것입니다. 나는 그리스도와 함께 십자가에서 죽었습니다.

20 이제는 내가 사는 것이 아니라, 내 안에 계신 그리스도께서 사시는 것입니다. 내가 지금 내 몸 안에 사는 것은 나를 사랑하셔서, 나를 구하시려고 자기 몸을 바치신 하나님의 아들을 믿는 믿음으로 사는 것입니다.

21 나는 하나님의 은혜를 헛되게 하지 않습니다. 율법으로 의롭다 함을 얻을 수 있다면, 그리스도께서도 죽지 않으셨을 것입니다.

저자의 묵상

유대인들은 하나님의 백성으로서 율법을 준수하면서 언약의 울타리 안에 머물러야 한다고 생각했다. 그러나 그들은 율법을 단순히 '머무는 차원'으로서가 아니라, 구원을 지켜 내며 얻을 수 있는 '수단'으로 여기게 되었다. 여기서 유대인들의 근본적인 실수는 '무언가를 행하여 하나님 앞에 올바로 설 수 있다'는 스스로에 대한 지나친 과신에 있었던 것 같다. 우리 역시 똑같은 실수를 범하고 있지 않는가? 우리가 무언가를 행함으로써 하나님 앞에 올바로 선다고, 하나님을 기쁘시게 할 수 있다고 생각하지 않는가? 만약 그렇다면 우리 역시 유대인들이 범했던 잘못을 범하는 '현대판 유대인'에 지나지 않을 것이다. 우리가 할 수 있는 유일한 일은 '믿음을 따르는 의의 상속자'(히 11:7)가 되는 것임을 명심해야 할 것이다.

무릎기도 하나님, 스스로 무언가를 행함으로써 하나님을 기쁘시게 할 수 있다고 생각했던 저를 용서하시고, 오직 믿음으로 주님의 기쁨이 되게 하소서.

ESV - Galatians 2

11 But when Cephas came to Antioch, I opposed him to his face, because he stood condemned.
12 For before certain men came from James, he was eating with the Gentiles; but when they came he drew back and separated himself, fearing the circumcision party.*
13 And the rest of the Jews acted hypocritically along with him, so that even Barnabas was led astray by their hypocrisy.
14 But when I saw that their conduct was not in step with the truth of the gospel, I said to Cephas before them all, "If you, though a Jew, live like a Gentile and not like a Jew, how can you force the Gentiles to live like Jews?"
15 We ourselves are Jews by birth and not Gentile sinners;
16 yet we know that a person is not justified* by works of the law but through faith in Jesus Christ, so we also have believed in Christ Jesus, in order to be justified by faith in Christ and not by works of the law, because by works of the law no one will be justified.
17 But if, in our endeavor to be justified in Christ, we too were found to be sinners, is Christ then a servant of sin? Certainly not!
18 For if I rebuild what I tore down, I prove myself to be a transgressor.
19 For through the law I died to the law, so that I might live to God.
20 I have been crucified with Christ. It is no longer I who live, but Christ who lives in me. And the life I now live in the flesh I live by faith in the Son of God, who loved me and gave himself for me.
21 I do not nullify the grace of God, for if righteousness* were through the law, then Christ died for no purpose.

* 2:12 Or *fearing those of the circumcision*
* 2:16 Or *counted righteous* (three times in verse 16); also verse 17
* 2:21 Or *justification*

11 oppose 이의를 제기하다 condemn 책망하다   12 gentile 이방인 draw back 물러나다 separate 분리하다 circumcision 할례 party 단체   13 Jew 유대인 hypocritically 위선적으로 lead astray 미혹시키다   14 conduct 행위 gospel 복음 force 강요하다   16 justify 의롭다고 하다 law 율법   17 endeavor 노력 servant 종   18 tear down 허물다 transgressor 죄인   20 crucify 십자가에 못 박다 flesh 육체   21 nullify 헛되게 하다 righteousness 의

• MEMO •

묵상 체크

06
월   일

하나님의 은혜로 주어진 의

갈라디아서 3:1-9 • 새찬송 310장 | 통일 410장

• 말씀묵상 전에 성령님의 인도하심을 구하는 기도를 드리십시오.

본문요약 | 성도는 하나님의 백성이 되기 위해 할례를 받는다거나 율법에서 요구하는 행위를 준수할 필요가 없다. 왜냐하면 성도들이 예수 그리스도를 믿었을 때 하나님께서 이미 그들 안에 성령을 보내주셨기 때문이다.

1 어리석도다 갈라디아 사람들아 예수 그리스도께서 십자가에 못 박히신 것이 너희 눈앞에 밝히 보이거늘 누가 너희를 꾀더냐
2 내가 너희에게서 다만 이것을 알려 하노니 너희가 성령을 받은 것이 율법의 행위로냐 혹은 ¹⁾듣고 믿음으로냐
3 너희가 이같이 어리석으냐 성령으로 시작하였다가 이제는 육체로 마치겠느냐
4 너희가 이같이 많은 괴로움을 헛되이 받았느냐 과연 헛되냐
5 너희에게 성령을 ²⁾주시고 너희 가운데서 능력을 행하시는 이의 일이 율법의 행위에서냐 혹은 듣고 믿음에서냐
6 ㄱ아브라함이 하나님을 믿으매 그것을 그에게 의로 정하셨다 함과 같으니라
7 그런즉 믿음으로 말미암은 자들은 아브라함의 자손인 줄 알지어다
8 또 하나님이 ³⁾이방을 믿음으로 말미암아 의로 정하실 것을 성경이 미리 알고 먼저 아브라함에게 복음을 전하되 ㄴ모든 ³⁾이방인이 너로 말미암아 복을 받으리라 하였느니라
9 그러므로 믿음으로 말미암은 자는 믿음이 있는 아브라함과 함께 복을 받느니라

1. 오늘 하나님께서 나에게 주신 깨달음은 무엇입니까?

2. 말씀을 어떻게 내 삶에 구체적으로 적용해야 합니까?

1) 또는, 믿음으로 들음에서냐
2) 헬, 수응하고
3) 또는 족속
ㄱ. 창 15:6 ㄴ. 창 12:3

절별 해설

1 어리석도다 갈라디아 사람들아 예수 그리스도께서 십자가에 못 박히신 것이 너희 눈앞에 밝히 보이거늘 누가 너희를 꾀더냐 여기서 '어리석음'은 '지적인 능력'이라기보다 '무엇이 옳고 그른가에 대한 판단 능력'을 말한다. 바울이 갈라디아 사람들에게 복음을 전파했을 때 그들은 그리스도가 지신 십자가가 얼마나 중요한 의미를 가지고 있는지 이해하게 되었다. 그러나 얼마 지나지 않아 마치 무엇에 홀려 판단 기능을 잃어버린 것처럼 그들은 할례를 받으며(5:2) 율법으로 돌아가려는 어리석은 행동을 하고 있다.

2 내가 너희에게서 다만 이것을 알려 하노니 너희가 성령을 받은 것이 율법의 행위로냐 혹은 듣고 믿음으로냐 성령을 받았다는 언급은 갈라디아 성도들이 회심하였다는 것을 암시한다(롬 8:9; 고전 2:12). 성령은 불신자들 안에는 거하시지 않는다(고전 2:14). 성령은 성도 안에 내주하셔서 하나님이 시작하신 구원의 사역을 반드시 성취하시는 분이다(롬 8:27-28).

3 너희가 이같이 어리석으냐 성령으로 시작하였다가 이제는 육체로 마치겠느냐 갈라디아 성도들은 성령을 받음으로 하나님의 백성으로서 새 시대의 삶을 시작했다(사 32:15; 겔 11:19). 그러나 그들은 이제 할례를 행하려고 하며, 그리스도의 십자가를 통해 이미 종결된 옛 시대로 돌아가려고 한다.

4 1세기 당시 성도들은 이방인들과 유대인들로부터 많은 괴로움을 받았다(4:29). 유대인들은 성도들이 할례와 율법을 행하지 않는다는 이유로, 이방인들은 그들이 '보이지 않은 신'을 섬긴다는 이유로 박해했다. 성도들이 이방인들과 융화할 수 없었던 근본적인 이유는 이방인들의 성 문화와 우상 숭배 때문이었다.

6-7 아브라함이 하나님을 믿으매 그것을 그에게 의로 정하셨다 함과 같으니라 그런즉 믿음으로 말미암은 자들은 아브라함의 자손인 줄 알지어다 아브라함이 하나님의 약속을 믿어 이를 의롭다 여김을 받았던 것처럼, 지금 성도들은 예수 그리스도를 믿고 그리스도의 의가 전가되어 의롭다 여김을 받게 되었다. 아브라함과 성도들은 '믿음으로 반응'과 '그리스도의 의가 주어져서 의롭다 여김을 받음'이라는 공통점을 가지고 있다. 그래서 바울은 성도들을 아브라함의 자손이라고 설명한다.

8 또 하나님이 이방을 믿음으로 말미암아 의로 정하실 것을 성경이 미리 알고 먼저 아브라함에게 복음을 전하되 모든 이방인이 너로 말미암아 복을 받으리라 하였느니라 창 12:3이 인용된다. 하나님이 자신의 약속을 믿은 아브라함에게 '의'를 주시고 그를 의롭게 여기셨다는 것은 모든 사람들에게 하나의 모

쉬운성경

1 갈라디아 여러분들은 예수 그리스도께서 십자가에서 죽으셨다는 사실을 분명히 알면서도 남에게 속았으니, 어리석기 이를 데 없습니다.

2 이 한 가지만 대답해 보십시오. 여러분은 어떻게 성령을 받았습니까? 율법을 지켜서 받았습니까? 아닙니다. 복음을 듣고 믿었기 때문에 받은 것입니다.

3 성령 안에서 살기 시작하다가 이제 와서 다시 자기 힘으로 살려고 하다니, 여러분은 참으로 어리석습니다.

4 그렇게 많은 고난을 경험했는데도, 그 모든 것이 다 헛일이었습니까? 그렇지 않기를 바랍니다.

5 여러분이 율법을 지켰기 때문에 하나님께서 성령을 주셨습니까? 아닙니다. 여러분이 율법을 지켰기 때문에 하나님께서 여러분 가운데서 기적을 일으키셨습니까? 아닙니다. 하나님께서 성령을 주시고 기적을 일으키신 것은 여러분이 복음을 듣고 믿었기 때문입니다.

6 성경에도 아브라함에 대해서 같은 말씀이 있습니다. "아브라함이 하나님을 믿으니, 하나님께서 아브라함의 믿음을 받으시고, 그를 의롭다고 여기셨다."*

7 그러므로 여러분은 믿음으로 사는 사람이 참 아브라함의 자녀라는 것을 알아야 합니다.

8 또 성경은 장차 일어날 일, 곧 하나님께서 이방인을 믿음으로 의롭게 하여 줄 것을 미리 일러 주었습니다. 이 복음을 먼저 아브라함에게 전했는데 그것은 "모든 민족이 너로 말미암아 복을 받을 것이다"라는 성경 말씀과 같은 것입니다.

9 아브라함이 이를 믿으니 그 믿음 때문에 복을 받았습니다. 누구든지 믿는 사람은 아브라함처럼 복을 받습니다.

* 3:6 창 15:6에 기록되어 있다.

범적인 원리를 제공한다. 아브라함처럼 모든 족속은 하나님의 약속의 성취인 예수 그리스도를 믿음으로 의롭다 여김을 받는다.

저자의 묵상

'하나님이 아브라함을 의롭다고 여기셨다'는 표현은 어떤 의미인가? 어떤 사람들은 아브라함이 더 이상 죄를 짓지 않은 완전히 의로운 사람이 되었다고 이해한다. 그러나 결코 그렇지는 않다. 아브라함은 창세기 15장 이후에도 여전히 잘못을 반복했기 때문이다. 여기서 우리는 아브라함이 아니라 하나님께 초점을 두어야 한다. 하나님은 어떤 의로운 요소도 가지지 않은 아브라함이 단지 믿음으로 반응했을 때, 그 안에 '의'를 심어 주셔서 아브라함을 의롭다고 인정하셨다. 이렇게 인정받은 아브라함은 하나님의 전적인 은혜로 인도함을 받게 된다. 이처럼 성경을 통해 우리는 모범적인 사람 아브라함이 아니라, 하나님의 형상이 '이미 훼손된' 아브라함을 의롭다 여기시고 주권적으로 인도하시는 하나님을 발견해야 한다.

> **무릎 기도** 하나님, 저를 불러 주시고 의롭다고 인정해 주신 주님의 은혜에 감사합니다. 저의 입술에서 주님께 대한 감사가 떠나지 않도록 하소서.

ESV - Galatians 3

1 O foolish Galatians! Who has bewitched you? It was before your eyes that Jesus Christ was publicly portrayed as crucified.

2 Let me ask you only this: Did you receive the Spirit by works of the law or by hearing with faith?

3 Are you so foolish? Having begun by the Spirit, are you now being perfected by* the flesh?

4 Did you suffer* so many things in vain—if indeed it was in vain?

5 Does he who supplies the Spirit to you and works miracles among you do so by works of the law, or by hearing with faith—

6 just as Abraham "believed God, and it was counted to him as righteousness"?

7 Know then that it is those of faith who are the sons of Abraham.

8 And the Scripture, foreseeing that God would justify* the Gentiles by faith, preached the gospel beforehand to Abraham, saying, "In you shall all the nations be blessed."

9 So then, those who are of faith are blessed along with Abraham, the man of faith.

* 3:3 Or *now ending with*
* 3:4 Or *experience*
* 3:8 Or *count righteous*; also verses 11, 24

1 bewitch 홀리다   portray 묘사하다   crucify 십자가에 못 박다   2 Spirit 성령   law 율법   3 perfect 완성하다   flesh 육체
4 suffer 겪다   in vain 헛되이   5 supply 공급하다   6 count as …이라 간주하다   righteousness 의   8 Scripture 성경
foresee 예견하다   justify 의롭다고 하다   preach 전하다   gospel 복음

묵상 체크 ☐

07
월　일

오직 믿음으로 받는 유업

갈라디아서 3:10-18 • 새찬송 542장 | 통일 340장

• 말씀묵상 전에 성령님의 인도하심을 구하는 기도를 드리십시오.

> **본문요약** | 의롭다 여김을 받기 위해 율법(할례)을 지키는 자들은 저주 아래 놓일 것이다. 왜냐하면 하나님 앞에서 어느 누구도 율법으로 의롭게 될 수 없기 때문이다. 또한 오직 믿음으로 아브라함에게 주어졌던 유업을 받을 수 있다고 바울은 강조한다.

10 무릇 율법 행위에 속한 자들은 저주 아래에 있나니 기록된 바 ㄱ누구든지 율법 책에 기록된 대로 모든 일을 항상 행하지 아니하는 자는 저주 아래에 있는 자라 하였음이라
11 또 하나님 앞에서 아무도 율법으로 말미암아 의롭게 되지 못할 것이 분명하니 이는 ㄴ의인은 믿음으로 살리라 하였음이라
12 율법은 믿음에서 난 것이 아니니 ㄷ율법을 행하는 자는 그 가운데서 살리라 하였느니라
13 그리스도께서 우리를 위하여 저주를 받은 바 되사 율법의 저주에서 우리를 속량하셨으니 기록된 바 ㄹ나무에 달린 자마다 저주 아래에 있는 자라 하였음이라
14 이는 그리스도 예수 안에서 아브라함의 복이 이방인에게 미치게 하고 또 우리로 하여금 믿음으로 말미암아 성령의 약속을 받게 하려 함이라
15 형제들아 내가 사람의 예대로 말하노니 사람의 언약이라도 정한 후에는 아무도 폐하거나 더하거나 하지 못하느니라
16 이 약속들은 ㅁ아브라함과 그 ¹⁾자손에게 말씀하신 것인데 여럿을 가리켜 그 ¹⁾자손들이라 하지 아니하시고 오직 한 사람을 가리켜 네 ¹⁾자손이라 하셨으니 곧 그리스도라
17 내가 이것을 말하노니 하나님께서 미리 정하신 언약을 사백삼십 년 후에 생긴 율법이 폐기하지 못하고 그 약속을 헛되게 하지 못하리라
18 만일 그 유업이 율법에서 난 것이면 약속에서 난 것이 아니리라 그러나 하나님이 약속으로 말미암아 아브라함에게 주신 것이라

1. 오늘 하나님께서 나에게 주신 깨달음은 무엇입니까?

2. 말씀을 어떻게 내 삶에 구체적으로 적용해야 합니까?

1) 헬, 씨
ㄱ. 신 27:26 ㄴ. 합 2:4 ㄷ. 레 18:5
ㄹ. 신 21:23 ㅁ. 창 13:15; 17:8

절별 해설

10 무릇 율법 행위에 속한 자들은 저주 아래에 있나니 기록된 바 누구든지 율법 책에 기록된 대로 모든 일을 항상 행하지 아니하는 자는 저주 아래에 있는 자라 하였음이라 본절에 인용된 신 27:26과 28:58-59은 만약 율법의 말씀을 단 하나라도 지키지 않는 사람들은 저주 아래 거할 것이라 말한다. 구약성경의 인용을 통해, 바울은 율법을 통해 구원을 얻으려고 하는 사람들이 저주 아래 거할 수밖에 없는 이유에 대해서 설명한다. 동시에 바울은 율법이 요구하는 모든 것들을 완벽하게 지킬 수 없는 인간의 연약함을 암시한다.

12 율법은 믿음에서 난 것이 아니니 율법을 행하는 자는 그 가운데서 살리라 하였느니라 바울은 그리스도 안에서 하나님의 약속들이 성취되었다는 관점을 가지고, 모세 율법은 이제 더 이상 유효하지 않다는 것을 설명한다. 본절은 레위기 18:5("너희는 내 규례와 법도를 지키라 사람이 이를 행하면 그로 말미암아 살리라 나는 여호와이니라")를 인용한 것이다. 여기서 '율법을 행한다'라는 것은 '율법을 완전하게 지키는 것'을 의미한다. 그러나 10-11절에서 설명했던 것처럼, 어느 누구도 율법을 완전하게 지킬 수 없기 때문에 사람은 율법 준수로 하나님 앞에서 의롭게 될 수 없다는 것을 바울은 암시한다.

13 그리스도께서 우리를 위하여 저주를 받은 바 되사 율법의 저주에서 우리를 속량하셨으니 기록된 바 나무에 달린 자마다 저주 아래에 있는 자라 하였음이라 바울은 신 21:23의 인용과 함께 '왜 예수 그리스도가 사람들에게 구원을 주실 수 있는 분인지' 설명한다. 어느 누구도 율법을 완전히 지킬 수 없었기 때문에 모든 사람이 율법의 저주 아래 거했던 상황에서, 유일하게 율법의 모든 요구들을 성취하신 예수 그리스도가 '율법을 지키지 않았을 때 주어지는 모든 저주'를 받으셨다. 바로 그 예수님을 믿을 때 사람들은 모든 율법을 성취하신 예수님과 연합되어 율법의 저주를 피할 수 있게 된다.

16 이 약속들은 아브라함과 그 자손에게 말씀하신 것인데 여럿을 가리켜 그 자손들이라 하지 아니하시고 오직 한 사람을 가리켜 네 자손이라 하셨으니 곧 그리스도라 아브라함 언약은 하나님의 전적인 은혜로 성취되는 약속들(땅과 만국의 축복)로 이루어졌다. 여기에서 그 "약속들"은 아브라함과 그 자손에게 주어졌다. 여기에서 "자손"은 집합적인 의미를 가지기 때문에 구약성경 안에서 아브라함의 육체적인 자손들(이삭과 야곱을 포함하여)을 뜻할 수도 있다. 그러나 본절에서 바울은 "자손"(오직 한 사람)에 대한 의미를 좀 더 구체화하

쉬운성경

10 그러나 율법을 의지하는 사람은 다 저주를 받습니다. 성경에도 이렇게 적혀 있습니다. "율법책에 적혀 있는 것을 다 지키지 않는 사람은 저주를 받는다."*

11 율법을 통해서는 하나님으로부터 의롭다 함을 얻지 못한다는 것이 분명합니다. 성경에 이렇게 적혀 있습니다. "의인은 믿음으로 말미암아 살 것이다."*

12 율법은 믿음에서 생겨난 것이 아닙니다. "율법을 지키는 사람은 율법으로 인해 살 것이다"라는 말씀도 있습니다.

13 그리스도께서는 율법이 우리에게 씌운 저주를 거두어 가셨습니다. 그리스도께서 우리를 대신해서 저주를 받으셨습니다. 성경에도 이렇게 적혀 있습니다. "나무에 달린 사람은 다 저주를 받은 것이다."*

14 그리스도께서 그렇게 하신 것은 하나님께서 아브라함에게 약속하신 복이 이방인들에게도 미치게 하기 위함입니다. 이 복은 예수 그리스도를 통해 옵니다. 예수님은 우리로 하여금 하나님께서 약속하신 성령을 믿음으로 받게 하기 위해 죽으셨습니다.

15 형제들이여, 예를 들어서 말하겠습니다. 사람들 사이에서도 약속을 맺으면, 아무도 그 약속을 무효로 하거나 어떤 것을 덧붙일 수 없습니다.

16 하나님은 아브라함과 그 자손에게 약속하셨습니다. 그런데 하나님은 여러 사람을 가리키는 말로 '그 자손들'이라 하시지 않고, 오직 한 사람을 가리키는 말로 '네 자손'이라고 말씀하셨습니다. 그 한 사람이 바로 그리스도이십니다.

17 내 말의 뜻은 이렇습니다. 하나님께서 아브라함과 맺으신 언약을 그보다 사백삼십 년 뒤에 나온 율법이 없앨 수 없다는 것입니다.

---

* 3:10 신 27:26에 기록되어 있다.
* 3:11 합 2:4에 기록되어 있다.
* 3:13 신 21:23에 기록되어 있다.

절별 해설

고 있다. 바로 '예수 그리스도'시다. 다시 말해 바울은 아브라함에게 주어진 모든 약속들은 궁극적으로 예수 그리스도 안에서 성취되었음을 보여준다.

18 여기서 "유업"은 하나님이 약속하시고 성취하는 것을 의미한다. 즉 그 유업은 사람의 노력으로 무언가를 얻고 유지하는 모세 율법과 전혀 어울리지 않는다. 하나님은 약속을 통해서 아브라함에게 은혜로 하늘나라의 축복, 즉 유업을 거저 주신 것이다.

> 18 만약 우리가 받을 유업이 율법을 통해서 온다면, 그것은 약속에서 나온 것이 아닙니다. 하지만 하나님께서는 약속하신 것에 따라 아브라함에게 복을 베풀어 주셨습니다.

저자의 묵상

갈라디아 교회에 들어온 거짓 선생들은 '아브라함은 율법을 완전히 준수했고, 그 행함 때문에 하나님이 그를 의롭다고 여기셨다'라고 주장했다. 그들은 사람 안에 의롭게 여길 만한 무언가가 있다고 생각했다. 그리스도를 만나 회심하기 전의 바울 역시, 조상들의 가르침대로 율법을 지킴으로써 하나님의 언약의 울타리 안에 머무르며 구원을 지키기(얻기) 위해 얼마나 노력했겠는가? 그러나 바울은 율법을 지키면 지킬수록 커져 가는 자만심과 남을 업신여기는 마음이 가득한 자신을 발견했을 것이다. 분명히 바울은 아담 이후 모든 사람에게 동일하게 나타나는 '인간의 근본적인 죄성'을 경험했던 것이다. 그래서 우리는 하나님의 은혜에 늘 감사해야 한다. 어떠한 의로운 요소도 없었던 우리를 하나님의 자녀로 불러 주시고, 의롭다 여겨 주시는 하나님의 주권적 은혜에 감사해야 한다.

> **무릎기도** 주님, 율법의 저주를 대신 지시기까지 저를 향한 당신의 사랑을 느낍니다. 주님을 향한 제 마음이 사랑과 감사로 채워지게 하소서.

ESV - Galatians 3

10 For all who rely on works of the law are under a curse; for it is written, "Cursed be everyone who does not abide by all things written in the Book of the Law, and do them."

11 Now it is evident that no one is justified before God by the law, for "The righteous shall live by faith."*

12 But the law is not of faith, rather "The one who does them shall live by them."

13 Christ redeemed us from the curse of the law by becoming a curse for us—for it is written, "Cursed is everyone who is hanged on a tree"—

14 so that in Christ Jesus the blessing of Abraham might come to the Gentiles, so that we might receive the promised Spirit* through faith.

15 To give a human example, brothers:* even with a man-made covenant, no one annuls it or adds to it once it has been ratified.

16 Now the promises were made to Abraham and to his offspring. It does not say, "And to offsprings," referring to many, but referring to one, "And to your offspring," who is Christ.

17 This is what I mean: the law, which came 430 years afterward, does not annul a covenant previously ratified by God, so as to make the promise void.

18 For if the inheritance comes by the law, it no longer comes by promise; but God gave it to Abraham by a promise.

* 3:11 Or *The one who by faith is righteous will live*
* 3:14 Greek *receive the promise of the Spirit*
* 3:15 Or *brothers and sisters*

---

10 rely 의지하다 law 율법 curse 저주하다 abide by 지키다   11 evident 분명한 justify 의롭다고 하다 righteous 의로운
13 redeem 구원하다 hang 매달다   14 gentile 이방인 Spirit 성령   15 covenant 언약 annul 폐기하다 ratify 승인하다
16 offspring 자손 refer to 지칭하다   17 make void 무효로 하다   18 inheritance 유산

• MEMO •

묵상 체크 ☐

08
월   일

예수 그리스도를 향해 있는 두 언약

갈라디아서 3:19-29 • 새찬송 89장 | 통일 89장

• 말씀묵상 전에 성령님의 인도하심을 구하는 기도를 드리십시오.

> **본문요약 |** 바울은 '왜 율법이 주어졌는지'에 대해서 설명한다. 그것은 율법이 주어지기 전 모호했던 죄의 명확한 기준을 제시하기 위함이었다. 또한 바울은 아브라함 언약과 모세 언약이 예수 그리스도를 바라보도록 한다는 점에서 그 둘은 연장선상에 있음을 강조한다.

19 그런즉 율법은 무엇이냐 범법하므로 더하여진 것이라 천사들을 통하여 한 중보자의 손으로 베푸신 것인데 약속하신 ¹⁾자손이 오시기까지 있을 것이라
20 그 중보자는 한 편만 위한 자가 아니나 하나님은 한 분이시니라
21 그러면 율법이 하나님의 약속들과 반대되는 것이냐 결코 그럴 수 없느니라 만일 능히 살게 하는 율법을 주셨더라면 의가 반드시 율법으로 말미암았으리라
22 그러나 성경이 모든 것을 죄 아래에 가두었으니 이는 예수 그리스도를 믿음으로 말미암는 약속을 믿는 자들에게 주려 함이라
23 믿음이 오기 전에 우리는 율법 아래에 매인 바 되고 계시될 믿음의 때까지 갇혔느니라
24 이같이 율법이 우리를 그리스도께로 인도하는 초등교사가 되어 우리로 하여금 믿음으로 말미암아 의롭다 함을 얻게 하려 함이라
25 믿음이 온 후로는 우리가 초등교사 아래에 있지 아니하도다
26 너희가 다 믿음으로 말미암아 그리스도 예수 안에서 하나님의 아들이 되었으니
27 누구든지 그리스도와 합하기 위하여 ²⁾세례를 받은 자는 그리스도로 옷 입었느니라
28 너희는 유대인이나 헬라인이나 종이나 자유인이나 남자나 여자나 다 그리스도 예수 안에서 하나이니라
29 너희가 그리스도의 것이면 곧 아브라함의 ¹⁾자손이요 약속대로 유업을 이을 자니라

1. 오늘 하나님께서 나에게 주신 깨달음은 무엇입니까?

2. 말씀을 어떻게 내 삶에 구체적으로 적용해야 합니까?

1) 헬, 씨 2) 헬, 또는 침례

절별 해설

19 그런즉 율법은 무엇이냐 범법하므로 더하여진 것이라 천사들을 통하여 한 중보자의 손으로 베푸신 것인데 바울은 모세 언약(율법)은 아브라함 언약을 대체할 수 없다는 것을 명백히 했다(3:15-18). "그렇다면 왜 율법이 주어졌는가?"에 대한 질문이 생길 수 있다. 이에 대해 바울은 사람들의 범법 때문에 율법이 주어졌다고 설명한다. 율법이 주어지기 전, 사람들에게는 죄에 대한 명확한 기준이 모호했다. 그러나 율법이 주어지자 사람들은 하나님의 의로운 기준을 알게 됨으로써 무엇이 죄인지 규정할 수 있었다(롬 7:7,13).
약속하신 자손이 오시기까지 있을 것이라 바울이 살았던 당시의 유대인들은 율법이 영원히 지속될 것이라고 믿었다. 그러나 바울이 정확하게 지적하는 것처럼 율법은 예수 그리스도가 오실 때까지만 지속하는 임시적인 것이었다.

20 바울은 아브라함 언약과 모세 언약을 생각한다. 여기서 '중보자'는 모세다. 모세 언약은 하나님과 이스라엘 백성들 사이에서 중보자인 모세를 통하여 이루어졌다. 이후 이스라엘은 불순종함으로 언약의 조항들을 깨뜨렸다. 반면에 아브라함 언약은 하나님이 직접 아브라함에게 약속을 말씀하셨고 또 성취하셨다.

21 그러면 율법이 하나님의 약속들과 반대되는 것이냐 결코 그럴 수 없느니라 만일 능히 살게 하는 율법을 주셨더라면 의가 반드시 율법으로 말미암았으리라 아브라함은 하나님이 주실 '후손'에 대한 약속을 믿었고, 또한 '자손'(예수 그리스도)을 통하여 만국이 복을 얻을 것이라는 약속을 확신했다. 마찬가지로 율법 역시 그리스도의 십자가를 바라보도록 이끈다. 왜냐하면 사람들은 율법을 준수해서 구원을 얻을 수 없는 자신을 발견하고, 율법의 성취자인 그리스도만 바라보기 때문이다. 이처럼 아브라함 언약과 모세 언약은 오직 예수 그리스도를 바라보도록 한다는 점에서 연장선상에 있다.

23 믿음이 오기 전에 우리는 율법 아래에 매인 바 되고 계시될 믿음의 때까지 갇혔느니라 지금 바울은 '하나님의 구속 역사'라는 이해 안에서 '그리스도가 오기 전'을 "믿음이 오기 전"으로, '그리스도가 온 이후'를 "계시될 믿음의 때까지"로 나눈다. 그리스도가 오기 전에 이스라엘 백성들은 "율법 아래" 즉 '죄(죄의 세력) 아래' 거하였다(롬 6:14-15). 물론 여기서 바울은 그리스도가 오기 전까지 믿음이 전혀 존재하지 않았다는 것을 의도하지는 않는다(3:6-9).

24 초등교사 여기에 언급된 "초등교사"는 오늘날 이해하는

쉬운성경

19 그렇다면 율법은 무엇을 위해 있습니까? 율법을 사람에게 준 것은 하나님께서 약속하신 아브라함의 특별한 자손이 오실 때까지 죄가 무엇인지를 밝히기 위해서입니다. 율법은 하나님께서 중보자(중개자)의 손을 빌어 천사들을 시켜 만든 것입니다.

20 그러나 중보자는 한 편에만 속해 있지 않습니다. 하지만 하나님은 한 분이십니다.

21 그렇다면 율법은 하나님의 약속과 반대되는 것입니까? 그럴 수 없습니다. 만약 사람에게 생명을 주는 율법이 있었다면, 우리는 그 율법을 지킴으로써 의롭다 함을 얻었을 것입니다.

22 성경은 온 세상이 죄에 갇혀 있다는 것을 보여주었습니다. 이는 믿음을 통한 약속을 주시기 위한 것으로 오직 예수 그리스도를 믿는 사람들만 받을 수 있습니다.

23 이 믿음이 오기 전에는, 우리가 율법에 갇혀 있었습니다. 하나님께서 장차 올 믿음의 길을 보여주실 때까지 우리에게는 자유가 없었습니다.

24 그리스도께서 오시기 전까지는 율법이 우리의 선생이었습니다. 그러나 그리스도께서 오신 뒤에는 우리가 믿음으로 인해 의롭다 함을 받을 수 있게 되었습니다.

25 이제 믿음의 길이 나타났으므로, 다시는 우리가 율법에 갇혀 있을 수 없습니다.

26 여러분은 그리스도 예수를 믿는 믿음을 통해 하나님의 자녀가 되었습니다.

27 여러분은 모두 세례를 받아 그리스도와 연합하였으며, 그리스도로 옷을 삼아 입었습니다.

28 그리스도 안에서는 유대인이나 그리스인이나 종이나 자유인이나 남자나 여자나 차별이 없습니다. 여러분은 그리스도 예수 안에서 모두 하나입니다.

절별 해설

'교사가 아니라 노예 가정교사를 뜻한다. 초등교사는 집의 종으로서 상속받을 주인의 아들이 성숙할 때까지 보모 역할을 하며, 세상의 지식을 가르치고 기본적인 도덕을 지도하는 역할을 담당했다. 초등교사는 주인의 아들이 성인이 되면 더 이상의 역할을 하지 않는다. 바울은 "초등교사"를 언급함으로써 하나님의 구속 역사 안에서 율법의 임시적인 역할을 강조한다.

27 누구든지 그리스도와 합하기 위하여 세례를 받은 자는 그리스도로 옷 입었느니라 신약성경에서 세례는 믿음의 고백과 함께 바로 주어졌다. 즉 믿음, 회심, 세례는 언제나 동시적으로 이루어졌다(행 8:38). 사람들은 세례(믿음, 회심)를 받을 때 그리스도와 함께 연합되어 그의 죽음과 부활에 동참하게 된다(롬 6장).

29 여러분은 그리스도에게 속한 사람입니다. 그러므로 여러분은 아브라함의 자손입니다. 하나님께서 아브라함에게 하신 약속대로 여러분은 하나님께서 주시는 모든 복을 받습니다.

저자의 묵상

바울은 모세 언약(율법)과 아브라함 언약을 비교하면서 아브라함 언약의 우월성을 강조했다. 그렇다고 해서 그 두 언약은 서로 충돌되지 않는다. 왜냐하면 그 두 언약이 향하는 지향점이 같기 때문이다. 아브라함이 하나님께서 약속하신 '후손'(그리스도)을 바라보았던 것처럼, 율법 역시 오직 예수 그리스도를 향하고 있다. 왜냐하면 사람들은 율법을 통해서 구원을 얻을 수 없는 자신을 깨닫게 되며, 율법의 성취자이신 예수 그리스도 안에 거하도록 하기 때문이다. 여기서 우리는 구약성경의 지향점이 동일하다는 것을 발견하게 된다. 사람들도 마찬가지다. 구약의 성도들은 오실 그리스도를, 신약의 성도들은 오신 그리스도를 향하고 있다. 이처럼 그리스도는 우리가 향해야 하는 지향점임을 항상 기억해야 할 것이다.

무릎기도 하나님, 제 삶의 중심이신 예수 그리스도만을 바라보길 원합니다. 그분만을 온전히 바라보도록, 세상의 일들 때문에 흔들리지 않도록 하소서.

ESV - Galatians 3

19 Why then the law? It was added because of transgressions, until the offspring should come to whom the promise had been made, and it was put in place through angels by an intermediary.

20 Now an intermediary implies more than one, but God is one.

21 Is the law then contrary to the promises of God? Certainly not! For if a law had been given that could give life, then righteousness would indeed be by the law.

22 But the Scripture imprisoned everything under sin, so that the promise by faith in Jesus Christ might be given to those who believe.

23 Now before faith came, we were held captive under the law, imprisoned until the coming faith would be revealed.

24 So then, the law was our guardian until Christ came, in order that we might be justified by faith.

25 But now that faith has come, we are no longer under a guardian,

26 for in Christ Jesus you are all sons of God, through faith.

27 For as many of you as were baptized into Christ have put on Christ.

28 There is neither Jew nor Greek, there is neither slave* nor free, there is no male and female, for you are all one in Christ Jesus.

29 And if you are Christ's, then you are Abraham's offspring, heirs according to promise.

* 3:28 For the contextual rendering of the Greek word *doulos*, see Preface

---

19 law 율법 transgression 죄 offspring 자손 intermediary 중재자   20 imply 내포하다   21 contrary to ⋯에 반하여 righteousness 의   22 Scripture 성경 imprison 가두다   23 hold⋯ captive ⋯을 포로로 잡아 두다 reveal 드러내다   24 guardian 후견인 justify 의롭다고 하다   25 now that ⋯이기 때문에 no longer 더 이상 ⋯이 아닌   27 baptize 세례를 주다   28 slave 노예   29 heir 상속인

• MEMO •

묵상 체크

09
월 일

하나님의 자녀로서의 성도
갈라디아서 4:1-7 • 새찬송 312장 | 통일 341장

• 말씀묵상 전에 성령님의 인도하심을 구하는 기도를 드리십시오.

본문요약 | 성도들은 세상의 헛된 가르침 아래 더 이상 종노릇하지 않는다. 왜냐하면 성도들은 유업을 이은 아브라함의 자손들(하나님의 자녀들)이기 때문이다. 그에 대한 증거로서 하나님은 그들 안에 성령을 보내주셨고, 그들은 하나님을 '아빠 아버지'라 부르게 되었다.

1 내가 또 말하노니 유업을 이을 자가 모든 것의 주인이나 어렸을 동안에는 종과 다름이 없어서
2 그 아버지가 정한 때까지 후견인과 청지기 아래에 있나니
3 이와 같이 우리도 어렸을 때에 이 세상의 1)초등학문 아래에 있어서 종노릇하였더니
4 때가 차매 하나님이 그 아들을 보내사 여자에게서 나게 하시고 율법 아래에 나게 하신 것은
5 율법 아래에 있는 자들을 속량하시고 우리로 아들의 명분을 얻게 하려 하심이라
6 너희가 아들이므로 하나님이 그 아들의 영을 우리 마음 가운데 보내사 아빠 아버지라 부르게 하셨느니라
7 그러므로 네가 이 후로는 종이 아니요 아들이니 아들이면 하나님으로 말미암아 유업을 받을 자니라

1. 오늘 하나님께서 나에게 주신 깨달음은 무엇입니까?

2. 말씀을 어떻게 내 삶에 구체적으로 적용해야 합니까?

1) 헬. 스토이헤이아. 고대의 우주관과 운명론 등

절별 해설

1-2 바울은 그 당시의 일상생활에서 쉽게 찾아볼 수 있었던 한 예를 들고 있다. 비록 아버지의 아이가 유업을 약속받았다고 할지라도, 아버지가 정한 기간에 이르기까지(성장할 때까지) 아이는 그를 돌봐 줄 후견인과 청지기의 감독 아래 그 약속의 성취를 기다려야 한다. 여기서 후견인은 초등교사(3:24)와 같은 개념이다.

3 이와 같이 우리도 어렸을 때에 이 세상의 초등학문 아래에 있어서 종노릇하였더니 여기서 "우리"는 갈라디아 교회를 구성했던 다수의 이방인과 소수의 유대인을 의미한다.
어렸을 때 이것은 모세 율법이 유효했던 구원 역사의 한 시대를 의미한다. 여기서 "이 세상의 초등학문"이 무엇을 의미하는지에 대하여 학자들의 많은 논쟁들이 있지만, 그리스도가 오시기 이전 모세 율법이 유효했던 기간 동안 있었던 '세상에서 가르쳐진 헛된 사상들'로 이해하는 것이 좋을 듯하다. 세상의 초등학문이란 세상의 지식과 지혜와 철학과 인간의 수단과 방법으로 구원을 얻으려는 것을 말한다.

4 때가 차매 하나님이 그 아들을 보내사 여자에게서 나게 하시고 율법 아래에 나게 하신 것은 여기서 "때"는 하나님이 예수 그리스도 안에서 구원의 약속을 성취하셨던 때를 의미한다.
여자에게서 나게 하시고 예수 그리스도는 완전한 인성을 가지셨다.
율법 아래에 나게 하신 것은 예수님은 율법(죄의 세력) 아래 사셨다. 그러나 예수님은 죄의 권세에 굴복하지 않으시고, 하나님의 율법을 모두 준수하셨다.

5 율법 아래에 있는 자들을 속량하시고 우리로 아들의 명분을 얻게 하려 하심이라 본절은 3:13을 상기시킨다. 예수님이 율법 아래 나신 이유는 율법 아래 있는 모든 사람들을 구원하시기 위함이었다. 여기서 "율법 아래에 있는 자들"은 '저주 아래에 있는 자들'(3:10), '죄 아래에 있는 자들'(3:22), '초등교사 아래에 있는 자들'(3:25), '이 세상의 초등학문 아래에 있는 자들'(4:3)과 같은 의미다. 본절에서 "아들의 명분을 얻게 한다"는 것은 예수 그리스도의 십자가 구속 사역을 통하여 그리스도를 믿는 자를 하나님의 자녀로 삼으셨다는 것을 의미한다.

6 너희가 아들이므로 하나님이 그 아들의 영을 우리 마음 가운데 보내사 아빠 아버지라 부르게 하셨느니라 성도들이 하나님의 자녀라는 사실은 하나님께서 그들 안에 성령을 보내 주셔서 증언해 주신다(3:1-5; 롬 8:15-16). 그래서 성도들은 하나님을 "아빠 아버지"라고 부를 수 있다.

쉬운성경

1 내가 또 이 말을 하려고 합니다. 아버지의 재산을 물려받을 사람이 아이라면, 그가 모든 것의 주인이라 하더라도 종과 다를 것이 없습니다.

2 어른이 되기 전까지는 그를 돌봐 줄 사람의 말을 따라야 합니다. 그러나 그 아버지가 정한 때가 이르면 자유인이 됩니다.

3 이와 마찬가지로 우리도 전에는 어린아이와 같았습니다. 우리는 이 세상의 헛된 가르침 아래에서 종노릇을 했습니다.

4 그러나 정한 때가 이르자, 하나님께서 자기 아들을 보내셨습니다. 그 아들은 여자에게서 났고, 율법 아래에서 살았습니다.

5 그것은 율법 아래에 있는 사람들을 구원하셔서, 그들을 자기 자녀로 삼으시기 위해서입니다.

6 여러분은 하나님의 자녀입니다. 그래서 하나님께서 그 아들의 영을 여러분 마음에 보내 주셔서, 여러분이 하나님을 "아버지, 사랑하는 아버지"라 부를 수 있게 하셨습니다.

7 여러분은 이제 종이 아니라 하나님의 자녀입니다. 여러분이 하나님의 자녀가 되었으므로, 하나님께서 여러분에게 유업을 주실 것입니다.

7 성령께서 그 안에 내주하는 성도들은 하나님을 '아버지'라고 부를 수 있게 되었고, 자녀로서 얻게 되는 '유업' 즉, 구원의 축복을 받게 되었다.

저자의 **묵상**

바울은 이 세상에 가장 놀라운 두 가지 사건을 소개한다. 첫째, 예수 그리스도가 친히 율법(죄의 세력) 아래 나셨다는 것이다. 그 이유는 율법 아래 있는 사람들을 구원하시기 위해서였다. 그들은 이제 율법 아래 있는 자들을 속량하신 예수 그리스도를 믿음으로써 하나님의 자녀가 될 수 있다. 둘째, 그들이 예수 그리스도를 믿을 때 하나님이 성령을 그들 안에 보내 주셨다. 성령은 그들 안에 내주하셔서 그들이 하나님의 자녀라는 사실을 계속해서 알려 주시고 하나님을 "아빠 아버지"라고 부르게 하신다. 이 사건들은 우리를 위해서, 우리 안에서 이미 일어난 것들이다. 우리는 이 구원의 역사에 대해서 얼마나 감사하고 있는지 또한 우리 안에 촉촉했던 감격의 눈물이 마른 것은 아닌지 돌아보아야 하겠다.

> **무릎기도** 하나님, 저를 위해 십자가를 지신 예수 그리스도에 대한 감사와 제 안에 계신 성령께서 이루시는 구원에 대한 감격이 사라지지 않도록 붙잡아 주소서!

ESV - Galatians 4

1 I mean that the heir, as long as he is a child, is no different from a slave,* though he is the owner of everything,
2 but he is under guardians and managers until the date set by his father.
3 In the same way we also, when we were children, were enslaved to the elementary principles* of the world.
4 But when the fullness of time had come, God sent forth his Son, born of woman, born under the law,
5 to redeem those who were under the law, so that we might receive adoption as sons.
6 And because you are sons, God has sent the Spirit of his Son into our hearts, crying, "Abba! Father!"
7 So you are no longer a slave, but a son, and if a son, then an heir through God.

* 4:1 For the contextual rendering of the Greek word *doulos*, see Preface; also verse 7
* 4:3 Or *elemental spirits*; also verse 9

1 heir 상속인 slave 노예 2 guardian 후견인 3 enslave 노예로 만들다 elementary 초등의 principle 원칙 4 fullness of time 정해진 때 law 율법 5 redeem 구하다 adoption 양자 입양 7 no longer 더 이상 …이 아닌

☐ 묵상 체크

10 옛 과거로 돌아가지 말라

월 일

갈라디아서 4:8-20 • 새찬송 220장 | 통일 278장

• 말씀묵상 전에 성령님의 인도하심을 구하는 기도를 드리십시오.

> **본문요약** | 바울은 예수 그리스도가 오시기 이전의 세상의 약하고 천박한 초등학문과 '옛 율법 아래'로 돌아가지 않도록 권면한다. 또한 바울은 육신의 질병을 지닌 자신이 전한 복음을 귀하게 받아들였던 갈라디아 교인들이 어떻게 거짓 선생들의 잘못된 가르침을 따르게 되었는지 안타까움을 호소한다.

8 그러나 너희가 그때에는 하나님을 알지 못하여 본질상 하나님이 아닌 자들에게 종노릇하였더니
9 이제는 너희가 하나님을 알 뿐 아니라 더욱이 하나님이 아신 바 되었거늘 어찌하여 다시 약하고 천박한 초등학문으로 돌아가서 다시 그들에게 종노릇하려 하느냐
10 너희가 날과 달과 절기와 해를 삼가 지키니
11 내가 너희를 위하여 수고한 것이 헛될까 두려워하노라
12 형제들아 내가 너희와 같이 되었은즉 너희도 나와 같이 되기를 구하노라 너희가 내게 해롭게 하지 아니하였느니라
13 내가 처음에 육체의 약함으로 말미암아 너희에게 복음을 전한 것을 너희가 아는 바라
14 너희를 시험하는 것이 내 육체에 있으되 이것을 너희가 업신여기지도 아니하며 버리지도 아니하고 오직 나를 하나님의 천사와 같이 또는 그리스도 예수와 같이 영접하였도다
15 너희의 복이 지금 어디 있느냐 내가 너희에게 증언하노니 너희가 할 수만 있었더라면 너희의 눈이라도 빼어 나에게 주었으리라
16 그런즉 1)내가 너희에게 참된 말을 하므로 원수가 되었느냐
17 그들이 너희에게 대하여 열심 내는 것은 좋은 뜻이 아니요 오직 너희를 이간시켜 너희로 그들에게 대하여 열심을 내게 하려 함이라
18 좋은 일에 대하여 열심으로 사모함을 받음은 내가 너희를 대하였을 때뿐 아니라 언제든지 좋으니라
19 나의 자녀들아 너희 속에 그리스도의 형상을 이루기까지 다시 너희를 위하여 해산하는 수고를 하노니
20 내가 이제라도 너희와 함께 있어 내 언성을 높이려 함은 너희에 대하여 의혹이 있음이라

1. 오늘 하나님께서 나에게 주신 깨달음은 무엇입니까?

2. 말씀을 어떻게 내 삶에 구체적으로 적용해야 합니까?

1) 또는 내가 정당히 너희를 대접하므로

절별 해설

9 이제는 너희가 하나님을 알 뿐 아니라 더욱이 하나님이 아신 바 되었거늘 갈라디아 교인들은 이제 하나님을 알게 되었다. 여기서 "하나님을 안다"라는 표현은 단순히 추상적이고 비인격적인 차원의 것이 아니다. 그들은 하나님을 "아빠 아버지"(4:6)라고 부를 정도로 인격적이고 따뜻한 아버지를 알게 되었다. 이처럼 그들이 하나님을 알 수 있었던 것은 그들 스스로 하나님을 찾아서가 아니라, 하나님께서 그들을 먼저 아셨기 때문이다. "하나님이 아신 바 되었다"라는 표현에서 '알다'는 누군가를 선택하는 것을 의미한다.

어찌하여 다시 약하고 천박한 초등학문으로 돌아가서 다시 그들에게 종노릇하려 하느냐 바울은 왜 갈라디아 교인들이 예수 그리스도를 믿기 이전의 상태로 돌아가려고 하는지 의아해한다. 여기서 '율법'과 "약하고 천박한 초등학문"은 의미에 있어서 같지 않다. 그러나 '율법'은 그리스도가 오시기 이전의 시기를 나타내고, "약하고 천박한 초등학문"은 그들이 그리스도를 믿기 이전의 모습을 의미한다는 점에서 그 두 가지는 '과거의 상태'를 나타낸다. 그래서 바울은 율법으로 돌아가는 것과 이 세상의 초등학문으로 돌아가는 것을 동일선상에서 보고 있다.

10 너희가 날과 달과 절기와 해를 삼가 지키니 바울은 갈라디아 교인들이 비록 할례를 행하지는 않았지만, 유대인들이 준수했던 율법의 규례를 지키고 있었다는 것을 암시한다. 거짓 선생들은 갈라디아 교인들에게 이방인인 그들이 하나님의 언약의 울타리에 들어오기 위해서는 할례를 행하고 율법을 준수함으로써 주어진 구원을 지탱해야 한다고 주장했을 것이다. 이러한 거짓된 가르침은 갈라디아 교회들에게만 나타난 것이 아니었다. 초대 교회 내에서 종종 나타났던 현상이었다(롬 14:5; 골 2:16 참조).

15 너희의 복이 지금 어디 있느냐 내가 너희에게 증언하노니 너희가 할 수만 있었더라면 너희의 눈이라도 빼어 나에게 주었으리라 "너희의 복"은 바울에 대한 갈라디아 교인들의 기쁨과 존경의 마음을 뜻한다. 몇몇 학자들은 여기에 "눈"이 언급되기 때문에, 바울의 질병은 안질이었을 것이라고 추측하기도 한다. 그러나 본절은 갈라디아 교인들이 바울에 대해 가졌던 깊은 사랑으로 이해하는 것이 좋을 듯하다.

17 갈라디아 교회들에 들어온 거짓 선생들은 확실히 열심을 가지고 있었다(6:12-13). 그들은 구원을 받기 위한 필수 요소로서 할례와 율법을 강조하면서 교회를 혼란에 빠뜨렸을 것이다. 아무리 잘 지켜도 끝이 나지 않는 율법의 굴레로 들어간 성도들은 더 많은 율법의 요구를 준수하기 위해 거짓 선생들에게 계속해서 질문하고 그들의 가르침대로 하려 했을 것이다.

쉬운성경

8 옛적에는 여러분이 하나님을 알지 못하여, 사실 신이 아닌 것들에게 종노릇을 했습니다.

9 그러나 이제는 여러분이 참 하나님을 압니다. 뿐만 아니라 하나님께서 여러분을 아십니다. 그런데 어찌하여 전에 여러분이 따르던 약하고 헛된 가르침으로 다시 돌아가려 합니까? 어찌하여 그런 것들에게 종노릇하려 합니까?

10 여러분은 아직도 날과 달과 계절과 해를 섬기고 있습니다.

11 그러니 내가 여러분을 위해 애쓴 것이 헛된 일이 될까 봐 두렵습니다.

12 형제들이여, 내가 여러분과 같이 되었으므로, 여러분도 나와 같이 되기를 바랍니다. 이제까지 여러분은 내게 잘해 주었습니다.

13 여러분도 알다시피 내가 여러분에게 처음으로 복음을 전하게 된 것은 내 몸의 병 때문이었습니다.

14 내 병이 여러분에게는 짐이 되었을 텐데도, 여러분은 나를 미워하거나 저버리지 않고, 하나님의 천사나 예수 그리스도처럼 맞아 주었습니다.

15 그때에는 여러분에게 기쁨이 가득하더니, 지금은 그 기쁨이 어디로 갔습니까? 지금 기억하기로 그때에는 여러분이 할 수만 있다면 여러분의 눈이라도 빼어 줄 정도였습니다.

16 그런데 내가 이제는 진리를 말하므로, 여러분과 원수가 되었습니까?

17 그 사람들이 열심히 여러분을 설득하는 것은 여러분을 위해서가 아니라, 우리를 배반하고 그들만을 따르도록 하려는 것입니다.

18 사람들이 좋은 뜻으로 여러분에게 관심을 보인다면, 그것은 내가 여러분을 떠나 있을 때나 여러분과 함께 있을 때나

절별 해설

20 갈라디아 교인들은 거짓 선생, 곧 유대주의자들의 영향으로 외형적 의식주의를 따르게 되었다. 바울은 갈라디아 교인들이 거짓 선생들의 잘못된 가르침을 따라 다시 할례와 율법으로 돌아가는 것을 안타까워한다.

> 마찬가지로 좋은 일입니다.
>
> 19 내 자녀들이여, 여러분이 참으로 그리스도와 같이 되기까지 나는 여러분을 위해 다시 아기를 낳는 어머니의 고통을 느낍니다.
>
> 20 내가 지금이라도 여러분을 만나 내 말투를 바꾸었으면 좋겠습니다. 여러분 일에 대해 어떻게 해야 좋을지 모르겠습니다.

저자의 묵상

바울이 갈라디아 지역에 있는 사람들에게 복음을 선포했을 때 그는 고질적인 육신의 질병을 지니고 있었다. 그러나 갈라디아 교인들은 바울이 지닌 육체의 약함이 아니라 바울이 선포한 복음을 듣고 믿음으로 반응했다. 그래서 그들은 영적으로 진정한 아브라함의 자손이 되었다. 그런데 자신들의 눈이라도 빼 줄 만큼이나 사랑과 존경으로 바울을 섬겼던 갈라디아 교인들이 이제 '복음'으로부터 '옛 율법 아래'로 돌아서려고 한다. 사실 우리도 바울이 느꼈던 안타까움을 경험할 때가 많다. 불신자들을 전도하여 그들에게 많은 시간과 물질을 쏟았는데 얼마 지나지 않아 그들이 다시 옛 생활로 되돌아갈 때, 우리는 상당히 실망하게 된다. 그럴 때일수록 우리는 더욱더 그들을 위해 기도하며 더 큰 관심과 사랑으로 그들을 품도록 노력해야 할 것이다.

> **무릎 기도** 사랑의 주님, 저를 향한 주님의 큰 사랑을 깨닫습니다. 주님처럼 저 역시 주변의 불신자들과 새신자들에게 사랑을 베풀게 하소서.

ESV - Galatians 4

8 Formerly, when you did not know God, you were enslaved to those that by nature are not gods.
9 But now that you have come to know God, or rather to be known by God, how can you turn back again to the weak and worthless elementary principles of the world, whose slaves you want to be once more?
10 You observe days and months and seasons and years!
11 I am afraid I may have labored over you in vain.
12 Brothers,* I entreat you, become as I am, for I also have become as you are. You did me no wrong.
13 You know it was because of a bodily ailment that I preached the gospel to you at first,
14 and though my condition was a trial to you, you did not scorn or despise me, but received me as an angel of God, as Christ Jesus.
15 What then has become of your blessedness? For I testify to you that, if possible, you would have gouged out your eyes and given them to me.
16 Have I then become your enemy by telling you the truth?*
17 They make much of you, but for no good purpose. They want to shut you out, that you may make much of them.
18 It is always good to be made much of for a good purpose, and not only when I am present with you,
19 my little children, for whom I am again in the anguish of childbirth until Christ is formed in you!
20 I wish I could be present with you now and change my tone, for I am perplexed about you.

* 4:12 Or *Brothers and sisters*; also verses 28, 31
* 4:16 Or *by dealing truthfully with you*

8 enslave 노예로 만들다 by nature 본래   9 elementary 초등의 principle 원칙 slave 노예   10 observe 지키다   11 labor 애쓰다 in vain 헛되이   12 entreat 간청하다   13 ailment 병 preach 전하다 gospel 복음   14 trial 시험 scorn 경멸하다 despise 멸시하다   15 testify 증언하다 gouge out …을 도려내다   17 purpose 의도 shut out 막다   19 anguish 고통   20 perplex 당혹하게 하다

• MEMO •

묵상 체크

11
월   일

율법에 매이지 않는 자유자
갈라디아서 4:21-31 • 새찬송 436장 | 통일 493장

• 말씀묵상 전에 성령님의 인도하심을 구하는 기도를 드리십시오.

> **본문요약 |** 갈라디아 교인들의 정체성을 일깨우기 위하여 바울은 그들이 '여종'의 자녀가 아니라 '자유 있는 여자'의 자녀임을 확실히 밝힌다. 그리고 그들은 지금 그리스도 안에서 자유롭기 때문에 율법 아래에 매인 종으로 다시 돌아가서는 안 된다고 바울은 강조한다.

21 내게 말하라 율법 아래에 있고자 하는 자들아 율법을 듣지 못하였느냐
22 기록된 바 ㄱ아브라함에게 두 아들이 있으니 하나는 여종에게서, 하나는 자유 있는 여자에게서 났다 하였으며
23 ㄴ여종에게서는 육체를 따라 났고 자유 있는 여자에게서는 약속으로 말미암았느니라
24 이것은 비유니 이 여자들은 두 언약이라 하나는 시내 산으로부터 종을 낳은 자니 곧 하갈이라
25 이 하갈은 아라비아에 있는 시내 산으로서 지금 있는 예루살렘과 같은 곳이니 그가 그 자녀들과 더불어 종노릇하고
26 오직 위에 있는 예루살렘은 자유자니 곧 우리 어머니라
27 기록된 바
ㄷ잉태하지 못한 자여 즐거워하라 산고를 모르는 자여 소리 질러 외치라 이는
1)홀로 사는 자의 자녀가 남편 있는 자의 자녀보다 많음이라
하였으니
28 형제들아 너희는 이삭과 같이 약속의 자녀라
29 그러나 그때에 육체를 따라 난 자가 성령을 따라 난 자를 박해한 것같이 이제도 그러하도다
30 그러나 성경이 무엇을 말하느냐 ㄹ여종과 그 아들을 내쫓으라 여종의 아들이 자유 있는 여자의 아들과 더불어 유업을 얻지 못하리라 하였느니라
31 그런즉 형제들아 우리는 여종의 자녀가 아니요 자유 있는 여자의 자녀니라

1. 오늘 하나님께서 나에게 주신 깨달음은 무엇입니까?

2. 말씀을 어떻게 내 삶에 구체적으로 적용해야 합니까?

1) 헬, 광야의 자녀가
ㄱ. 창 16:15 ㄴ. 창 21:2 ㄷ. 사 54:1 ㄹ. 창 21:10,12

절별 해설

21 내게 말하라 율법 아래에 있고자 하는 자들아 율법을 듣지 못하였느냐 바울은 갈라디아 교회들에게 모세 율법 아래 살고자 하는 것은 어리석은 행동임을 설명한다. 본절에서 첫 번째 언급된 '율법'은 있는 그대로 모세 율법 그 자체를, 두 번째 언급된 '율법'은 구약성경을 의미한다.

22 기록된 바 아브라함에게 두 아들이 있으니 하나는 여종에게서, 하나는 자유 있는 여자에게서 났다 하였으며 바울은 갈라디아 교인들의 정체성을 설명하기 위해 사라와 하갈의 사회적인 위치를 한 예로 든다.

24-25 바울은 역사적인 정황과 크게 상관없이 자신의 의도에 맞게 하갈을 시내산 언약으로, 사라를 아브라함 언약으로 설명한다. 하갈을 1세기 당시의 예루살렘과 연결하여 1세기 유대인들을 율법에 매여 죄의 종이 된 자녀로 표현한다.

26 위에 있는 예루살렘 이것은 현재의 악한 세대에 들어온, 그리고 앞으로 성취될 종말론적인 예루살렘, 즉 하나님을 기쁘시게 하는 그리스도를 믿는 자들의 공동체인 '교회'를 표상한다.

27 기록된 바 잉태하지 못한 자여 즐거워하라 산고를 모르는 자여 소리 질러 외치라 이는 홀로 사는 자의 자녀가 남편 있는 자의 자녀보다 많음이라 하였으니 바울은 이사야서 54:1을 인용한다. 이 구절의 정황은 이스라엘이 바벨론으로부터 돌아오는 것과 관련된다. 이스라엘은 바벨론에서 자녀를 잃어버렸고, 더 이상 아이를 낳을 수 없는 상황이며, 남편(하나님)에게 버림을 받은 여인의 신세와 같다. 그러나 하나님은 그 여인에게 은혜를 베푸셔서 다시 집으로 돌아오게 하고, 많은 자녀를 낳도록 할 것이다. 바울은 이사야서 54장에서 하나님이 주신 약속이 예수 그리스도의 복음 안에서 성취되었다고 이해한다. 다시 말해 바울은 이사야서의 정황을 기초로 해서 과거에 구원과 상관없었던 이방인이었던 갈라디아의 교인들에게 권면한다.

28 형제들아 너희는 이삭과 같이 약속의 자녀라 갈라디아에 들어온 거짓 선생들은 과거에 이방인이었던 갈라디아 교인들을 이스마엘의 자녀라고 주장했지만, 바울은 그들을 약속의 자녀로 이해한다.

29 그러나 그때에 육체를 따라 난 자가 성령을 따라 난 자를 박해한 것같이 이제도 그러하도다 바울은 그리스도를 믿고 새 생명의 삶을 누리고 있는 성도들에게 거짓 선생들이 잘못된 가르침을 전하는 것을 가리켜 성도들을 '박해한다'라고 생각한다.

쉬운성경

21 여러분 가운데는 모세의 율법 아래에 있으려는 사람이 있습니다. 말해 보십시오. 여러분은 율법이 하는 말을 알지 못합니까?

22 성경은 아브라함에게 두 아들이 있었는데, 한 아들의 어머니는 여종이었고, 다른 아들의 어머니는 자유인이었다고 말합니다.

23 여종에게서 난 아브라함의 아들은 육체를 따라 태어났으나, 자유인에게서 난 아들은 하나님의 약속을 따라 태어났습니다.

24 이것은 비유입니다. 이 여자들은 하나님과 사람이 맺은 두 언약과 같습니다. 한 언약은 하나님께서 시내산에서 정하신 율법입니다. 이 언약 아래에 있는 사람은 종과 같습니다. 하갈이 바로 이 언약과 같습니다.

25 이 하갈은 아라비아에 있는 시내산과 같으며, 지금 이 땅에 있는 예루살렘과 같습니다. 하갈 자신도 종이며, 그 후손들도 율법에 매인 종입니다.

26 그러나 위에 있는 하늘의 예루살렘은 자유스러운 여자와 같습니다. 그는 우리 어머니입니다.

27 성경에 이렇게 적혀 있습니다.
"아기를 낳지 못하는 여자여, 기뻐하여라. 아기를 낳는 고통을 느껴 보지 못한 여자여, 노래하며 외쳐라. 남편이 있는 여자보다 네 자녀가 더 많을 것이다."*

28 형제들이여, 여러분은 이삭과 같이 하나님의 약속을 따라 태어난 하나님의 자녀입니다.

29 사람의 방법으로 태어난 아들이 성령의 방법으로 태어난 아들을 괴롭혔듯이

---

* 4:27 사 54:1에 기록되어 있다.

절별 해설

30 여종의 아들이 자유 있는 여자의 아들과 더불어 유업을 얻지 못하리라 바울은 창세기 21:10을 인용하면서 오직 약속의 자녀들만 유업을 얻을 것이라고 강조한다.

> 지금도 그러합니다.
>
> 30 그러나 성경이 무엇을 말합니까? "여종과 그 아들을 내어 쫓아라. 자유인의 아들은 아버지의 것을 다 물려받으나, 여종의 아들은 아무것도 받지 못할 것이다."
>
> 31 그러므로 형제들이여, 우리는 여종의 자녀가 아니라 자유한 여자의 자녀입니다.

저자의 묵상

그리스도를 믿고 새 생명을 누리고 있는 갈라디아 교인들이 거짓 선생들의 가르침에 미혹되어 율법으로 돌아가려고 했다. 이 상황은 갈라디아에 있는 교회들의 최대 위기임이 분명했다. 이때 바울은 갈라디아 교인들을 돌이키기 위해 '그들이 누구인지'에 대한 정체성 문제를 끄집어내면서 성도들은 그리스도 안에서 자유롭기 때문에 율법에 얽매인 종이 되어서는 안 된다고 주장한다. 가끔씩 우리 삶에 절체절명의 위기가 다가올 때 우리는 스스로 '나는 누구인가'에 대한 질문을 던져야 한다. 이 질문은 성도의 정체성과 관련된다. 이 질문에 답하기 시작할 때, 우리 자신이 누군가로부터 얼마나 많은 사랑을 받고 있는지 깨닫게 될 것이고 다시 회복할 수 있는 힘을 얻게 될 것이다. 성도는 택하신 족속이요 왕 같은 제사장들이요 거룩한 나라요 하나님의 소유가 된 백성이다(벧전 2:9).

> **무릎기도** 하나님, 저를 당신의 자녀로 삼아 주셔서 감사합니다. 많은 어려운 문제들이 저의 어깨를 짓누르고 있지만 아버지의 능력으로 극복하게 하소서.

ESV - Galatians 4

21 Tell me, you who desire to be under the law, do you not listen to the law?
22 For it is written that Abraham had two sons, one by a slave woman and one by a free woman.
23 But the son of the slave was born according to the flesh, while the son of the free woman was born through promise.
24 Now this may be interpreted allegorically: these women are two covenants. One is from Mount Sinai, bearing children for slavery; she is Hagar.
25 Now Hagar is Mount Sinai in Arabia;* she corresponds to the present Jerusalem, for she is in slavery with her children.
26 But the Jerusalem above is free, and she is our mother.
27 For it is written, "Rejoice, O barren one who does not bear; break forth and cry aloud, you who are not in labor! For the children of the desolate one will be more than those of the one who has a husband."
28 Now you,* brothers, like Isaac, are children of promise.
29 But just as at that time he who was born according to the flesh persecuted him who was born according to the Spirit, so also it is now.
30 But what does the Scripture say? "Cast out the slave woman and her son, for the son of the slave woman shall not inherit with the son of the free woman."
31 So, brothers, we are not children of the slave but of the free woman.

* 4:25 Some manuscripts *For Sinai is a mountain in Arabia*
* 4:28 Some manuscripts *we*

21 desire 원하다　law 율법　22 slave 노예　23 flesh 육체　24 interpret 해석하다　allegorically 비유적으로　covenant 언약　bear 낳다　25 correspond 일치하다　27 rejoice 기뻐하다　barren 불임의　break forth 폭발하다　in labor 진통 중인　desolate 외로운　29 persecute 박해하다　Spirit 성령　30 Scripture 성경　cast out 내쫓다　inherit 물려받다

• MEMO •

12 그리스도 안에 거하라

갈라디아서 5:1-6 • 새찬송 433장 | 통일 490장

• 말씀묵상 전에 성령님의 인도하심을 구하는 기도를 드리십시오.

> **본문요약** ┃ 할례를 행하고 율법을 준수하여 구원을 얻으려고 하는 사람들은 그리스도 안에서 성취된 구원의 축복으로부터 끊어진다. 반대로 예수 그리스도를 믿는 성도들은 내주하시는 성령의 인도로 마지막 날에 반드시 구원의 성취를 경험하게 될 것이다.

1 그리스도께서 우리를 자유롭게 하려고 자유를 주셨으니 그러므로 굳건하게 서서 다시는 종의 멍에를 메지 말라
2 보라 나 바울은 너희에게 말하노니 너희가 만일 할례를 받으면 그리스도께서 너희에게 아무 유익이 없으리라
3 내가 할례를 받는 각 사람에게 다시 증언하노니 그는 율법 전체를 행할 의무를 가진 자라
4 율법 안에서 의롭다 함을 얻으려 하는 너희는 그리스도에게서 끊어지고 은혜에서 떨어진 자로다
5 우리가 성령으로 믿음을 따라 의의 소망을 기다리노니
6 그리스도 예수 안에서는 할례나 무할례나 효력이 없으되 사랑으로써 역사하는 믿음뿐이니라

1. 오늘 하나님께서 나에게 주신 깨달음은 무엇입니까?

2. 말씀을 어떻게 내 삶에 구체적으로 적용해야 합니까?

절별 해설

2 보라 나 바울은 너희에게 말하노니 바울은 사도적 권위를 가지고 갈라디아 교인들에게 권면한다.
너희가 만일 할례를 받으면 그리스도께서 너희에게 아무 유익이 없으리라 "할례를 받는다"라는 것은 '율법 아래에 거하는 것'과 같다(4:21). 율법은 그리스도가 오시기 이전에 임시로 주어진 것으로서 '옛 세대'를 의미한다. 만약 성도들이 할례를 받는다면 스스로 구원을 얻기 위해(유지하기 위해) 노력했던 '옛 세대'에 거하는 것을 의미한다. 할례를 행하고 율법을 준수하는 사람들은 더 이상 그리스도가 이루신 구원의 축복과 아무런 상관이 없게 된다.

3 내가 할례를 받는 각 사람에게 다시 증언하노니 그는 율법 전체를 행할 의무를 가진 자라 할례는 하나님이 아브라함과 언약을 세우시고 언약 아래 있는 남자들에게 실행하게 하신 약속의 인침이었다. 할례를 행하는 사람들은 구원을 얻기 위해 율법에서 요구하는 모든 행위를 완전하게 지켜야 할 의무를 갖게 된다. 그러나 바울은 율법 행위에 속하는 사람들은 저주 아래 있다고 선언했다. 왜냐하면 이 세상 어느 누구도 율법 전체를 다 행할 수는 없기 때문이다(3:10-11). 설령 율법으로 돌아간다고 할지라도 그들은 더 이상 완전한 용서함을 얻을 수 없다. 무엇보다도 예수 그리스도가 십자가에서 진정한 용서를 완성하셨기 때문에 구약성경의 희생 제사는 더 이상 유효하지 않다. 또한 제사를 주관하는 제사장들 스스로 완전하지 않기 때문에 죄 용서를 위한 구약의 제사는 완전한 용서를 제공하지 못한다.

4 율법 안에서 의롭다 함을 얻으려 하는 너희는 그리스도에게서 끊어지고 은혜에서 떨어진 자로다 본절에서 "그리스도"와 "은혜"의 반대적인 개념은 '할례'와 '율법'이다. 할례를 행하고 율법을 지켜서 구원을 얻으려고 하는 사람들은 반드시 실패로 돌아간다. 왜냐하면 하나님 앞에서 어느 누구도 의롭다 여김을 받지 못하기 때문이다. 반면에 하나님께서는 예수 그리스도를 믿음으로 반응하는 사람들은 어느 누구나 은혜로 구원하셨다.

5 우리가 성령으로 믿음을 따라 의의 소망을 기다리노니 하나님께서 의롭다 여기신 성도들은 마지막 날에 그들이 진정으로 의롭다는 것을 확증받을 것이다. 성도들은 "몸의 속량을 기다리며"(롬 8:23), 이미 시작된 구원의 성취를 경험할 것이다. 하나님 앞에서 그들이 의로운 백성이라고 확인을 받을 때 그들은 절대로 실패하지 않을 것이다. 왜냐하면 내주하신 성령께서 그들로 하여금 그리스도 안에 성취된 하나님의 구원의 역사를 신뢰하도록 하며, 또한 구원의 백성으로 살도록 인도하시기 때문이다.

6 그리스도 예수 안에서는 할례나 무할례나 효력이 없으되 사랑으로써 역사하는 믿음뿐이니라 예수 그리스도 안에서 '할례'나 '무할례'는 어떤 중요성을 갖지 않는다. 중요한 것은 예수 그리스도 안에서 완전

쉬운성경

1 그리스도께서 우리를 해방시키셔서 우리는 자유롭게 되었습니다. 그러므로 굳게 서서 다시는 율법의 종이 되지 마십시오.

2 나 바울의 말을 들어 보십시오. 여러분이 할례를 받고 율법으로 돌아간다면, 그리스도는 여러분에게 아무런 도움이 되지 못합니다.

3 내가 다시 모든 사람에게 경고합니다. 여러분이 만약 할례를 받는다면, 여러분은 율법 전체를 지켜야 합니다.

4 여러분이 율법을 지켜서 의롭다 함을 얻으려 한다면, 여러분은 그리스도에게서 끊어지고 하나님의 은혜에서 멀어지게 됩니다.

5 그러나 우리는 성령의 도우심을 받아 믿음으로 의롭다 여김을 받는 이 소망을 간절히 기다립니다.

6 우리가 그리스도 예수 안에 있다면, 할례를 받았느냐 받지 않았느냐는 중요하지 않습니다. 중요한 것은 사랑으로 말미암아 나타나는 믿음뿐입니다.

히 성취된 하나님의 구원의 역사를 신뢰하며 그 역사에 대해 믿음으로 반응하는 것이고, 다른 사람을 향하여 진정한 사랑을 베푸는 것이다.

저자의 묵상

바울은 '옛 세대'로 돌아가는 사람들은 그리스도 안에서 성취된 구원의 축복으로부터 끊어지게 될 것이라고 가르친다. 반면에 성도들은 마지막 날에 그들에게 시작된 구원의 성취를 반드시 경험하게 될 것이라고 설명한다. 우리는 여기서 '과연 우리가 마지막 날에 하나님 앞에서 의롭다 여김을 받을 수 있을까'라고 질문할지 모른다. 또는 '혹시 실패하지 않을까'라는 의구심을 가질지도 모른다. 그러나 우리는 자기 자신이 아니라 우리 안에 내주하신 성령님을 바라보아야 한다. 성령께서는 우리가 오직 그리스도만을 붙들도록 힘을 주시고, 또한 구원의 백성으로 살도록 끝까지 우리를 인도하신다. 우리는 일상생활에서 우리 안에 내주하시는 성령의 인도하심을 따라 성도로서 승리하는 삶을 살아야 할 것이다.

> **무릎기도** 사랑의 주님! 제 안에 계신 성령 하나님의 능력으로 오직 예수 그리스도만을 바라보며 주님의 백성으로 승리할 수 있도록 도와주소서.

ESV - Galatians 5

1 For freedom Christ has set us free; stand firm therefore, and do not submit again to a yoke of slavery.
2 Look: I, Paul, say to you that if you accept circumcision, Christ will be of no advantage to you.
3 I testify again to every man who accepts circumcision that he is obligated to keep the whole law.
4 You are severed from Christ, you who would be justified* by the law; you have fallen away from grace.
5 For through the Spirit, by faith, we ourselves eagerly wait for the hope of righteousness.
6 For in Christ Jesus neither circumcision nor uncircumcision counts for anything, but only faith working through love.

* 5:4 Or counted righteous

1 submit 복종하다 yoke 멍에 slavery 노예제   2 accept 받다 circumcision 할례 be of no advantage to …에게 조금도 유리하지 않다   3 testify 증언하다 obligated …할 의무가 있는 law 율법   4 sever 잘라 내다 justify 의롭다고 하다   5 Spirit 성령 eagerly 간절히 righteousness 의   6 count for 중요하다

13 그리스도인의 자유와 사랑

갈라디아서 5:7-15 • 새찬송 221장 | 통일 525장

• 말씀묵상 전에 성령님의 인도하심을 구하는 기도를 드리십시오.

> **본문요약** ㅣ 거짓 선생들은 하나님에게서 온 사람들이 아니며 마지막 날에 반드시 심판을 받게 될 것이다. 또한 율법으로부터 벗어난 성도들은 자기 욕망을 채우기 위한 방종이 아니라 다른 사람들을 섬기고 사랑하면서 그리스도인의 자유와 사랑을 표출해야 한다.

7 너희가 달음질을 잘 하더니 누가 너희를 막아 진리를 순종하지 못하게 하더냐
8 그 권면은 너희를 부르신 이에게서 난 것이 아니니라
9 적은 누룩이 온 덩이에 퍼지느니라
10 나는 너희가 아무 다른 마음을 품지 아니할 줄을 주 안에서 확신하노라 그러나 너희를 요동하게 하는 자는 누구든지 심판을 받으리라
11 형제들아 내가 지금까지 할례를 전한다면 어찌하여 지금까지 박해를 받으리요 그리하였으면 십자가의 걸림돌이 제거되었으리니
12 너희를 어지럽게 하는 자들은 스스로 베어 버리기를 원하노라
13 형제들아 너희가 자유를 위하여 부르심을 입었으나 그러나 그 자유로 육체의 기회를 삼지 말고 오직 사랑으로 서로 종노릇 하라
14 온 율법은 ㄱ네 이웃 사랑하기를 네 자신 같이 하라 하신 한 말씀에서 이루어졌나니
15 만일 서로 물고 먹으면 피차 멸망할까 조심하라

1. 오늘 하나님께서 나에게 주신 깨달음은 무엇입니까?

2. 말씀을 어떻게 내 삶에 구체적으로 적용해야 합니까?

ㄱ. 레 19:18

절별 해설

7 너희가 달음질을 잘 하더니 누가 너희를 막아 진리를 순종하지 못하게 하더냐 갈라디아 교인들은 바울이 선포했던 복음에 믿음으로 반응했고, 그리스도 안에 성취된 구원의 복을 누리고 있었다. 그러나 그들은 이제 복음으로부터 돌아서려 한다.

9 적은 누룩이 온 덩이에 퍼지느니라 고린도 교회 안에 음행한 사람을 교회에서 내보내도록 했던 바울은 본절에서 거짓 선생들을 교회에서 쫓아내도록 권면하지 않는다. 왜냐하면 그들은 원래 교회 밖에 있었던 사람들이기 때문이다. 특별히 바울은 거짓 선생들의 가르침이 교회를 혼란시키고 있음을 암시한다.

10 나는 너희가 아무 다른 마음을 품지 아니할 줄을 주 안에서 확신하노라 바울은 비록 거짓 선생들이 갈라디아 교인들에게 잠시 영향을 줄 수는 있겠지만, 성도들은 결코 믿음에서 떠나지 않을 것이라고 확신한다. 왜냐하면 주님께서 그들 안에 시작하신 '착한 일'(구원)을 반드시 성취하실 것이기 때문이다(빌 1:6).
그러나 너희를 요동하게 하는 자는 누구든지 심판을 받으리라 바울은 교회를 혼란에 빠뜨린 거짓 선생들이 마지막 날에 반드시 심판을 받을 것이라고 단언한다. 여기에서 "너희를 요동하게 하는 자"는 갈 1:7(어떤 사람들)과 다르게 단수로 쓰였지만 거짓 선생들 전체를 일컫는다.

11 형제들아 내가 지금까지 할례를 전한다면 어찌하여 지금까지 박해를 받으리요 그리하였으면 십자가의 걸림돌이 제거되었으리니 거짓 선생들은 바울이 할례에 대하여 일관적이지 않은 주장을 한다고 공격했을 것이다. 사도행전 16:3에 나타난 바울을 주목한다면, 그는 다른 사람에게 충분히 오해의 소지를 줄 수 있었다. 디모데가 할례를 행할 때 함께 있었기 때문이다. 그러나 바울은 언제나 일관적이었다. 만약 할례가 구원을 위한 필수적인 요소로서가 아니라 사회적이고 문화적인 이유라면 승인했다(고전 10:31-33). 반면에 할례를 구원과 관련시킬 때에는 반대했다.

13 형제들아 너희가 자유를 위하여 부르심을 입었으나 바울은 갈라디아 교인들을 "형제들"이라고 호칭한다. 바울은 그들이 '옛 세대'-죄, 율법, 아담 안에서의 삶-에서 '새 세대'-생명, 믿음, 그리스도 안에서의 삶-로 이동한 주 안에서 한 형제들임을 상기시킨다. 그들은 율법으로부터 벗어나 그리스도 안에서 자유를 누리고 있는 존재들이다.
그러나 그 자유로 육체의 기회를 삼지 말고 여기서 "육체"는 구속 역사에서 '옛 세대'의 삶을 의미한다. 비록 성도들이 '새 세대'로 이동했지만 아직 여전히 '몸의 속량'(롬 8:23)을 기다려야 하는 존재로서 삶의 옛 모습이 나타날 가능성이 있다. 그래서 바울은 그리스도인이 누리는 자유는 이기적인 욕망을 위해 주어진 것이 아니라고 강조한다.

14 온 율법은 네 이웃 사랑하기를 네 자신같이 하라 하신 한 말씀에서

쉬운성경

7 여러분은 지금까지 잘 달려왔습니다. 그런데 누가 여러분을 막아 진리를 따르지 못하게 합니까?

8 그런 유혹은 여러분을 부르신 분에게서 나오지 않았습니다.

9 조심하십시오. "적은 누룩이 반죽 모두를 부풀게 합니다."

10 그러나 나는 여러분이 그런 다른 생각들을 따르지 않을 줄로 믿습니다. 누구든지 여러분을 혼란하게 하는 사람은 심판을 받을 것입니다.

11 형제들이여, 나는 할례를 받아야 한다고 가르치지 않습니다. 내가 할례를 가르친다면, 어째서 아직도 박해를 받겠습니까? 내가 지금까지 할례를 가르쳤다면, 십자가를 전하는 어려움도 사라졌을 것입니다.

12 여러분을 어지럽히는 사람들은 차라리 스스로 고자가 되어 버리는 것이 좋겠습니다.

13 형제들이여, 하나님께서 여러분을 부르셔서 자유인이 되게 하셨습니다. 그러나 그 자유를 육체의 욕망을 채우는 기회로 삼지 말고, 사랑으로 서로 섬기십시오.

14 모든 율법은 "네 이웃을 네 몸과 같이 사랑하여라" 하신 한 계명 속에 다 들어 있습니다.

15 여러분이 서로 해치고 헐뜯는다면, 양쪽 다 멸망할 테니 조심하십시오.

이루어졌나니 바울은 그리스도인이 다른 사람을 섬기며 사랑하는 것이 구약의 모든 율법을 성취하는 것이라고 분명하게 설명한다. 여기서 언급된 율법의 성취는 예수 그리스도 안에서 의롭다 함을 얻은 결과며, 내주하신 성령의 사역의 결과다.

15 만일 서로 물고 먹으면 피차 멸망할까 조심하라 바울은 갈라디아 교인들의 사회적인 관계에 초점을 맞추고 있다. 바울은 그들이 서로 해치고 헐뜯는 동물들처럼 '옛 세대'의 삶을 살지 않도록 권면한다.

저자의 묵상

그리스도인은 율법으로부터 벗어나 진정한 자유를 얻게 되었다. 만약 불신자들이 '자유'라는 단어를 듣는다면, 우선 '방종에 가까운' 자유를 떠올릴지도 모른다. 만약 그리스도인이 '자유'를 이기적인 욕망을 위해 사용한다면 그는 다시 죄(옛 세대)의 종이 되는 것이다. 그리스도인이 율법으로부터 벗어나 자유를 얻었다고 할 때, 그것은 '무엇을 얼마만큼 행해야 하는지'에 대하여 알려 주는 율법이라는 틀을 넘어서 측량할 수 없는 사랑과 섬김의 삶을 의도한다. 그리스도인이 표출하는 그러한 삶은 그가 진정으로 율법을 성취하신 그리스도 안에 머물고 있음을 증거하는 삶이다. 그리스도 안에서 성도가 된 우리는 과연 다른 사람들을 진정한 사랑과 섬김으로 대하고 있는지 점검해야 하겠다.

무릎기도 하나님, 저의 주변에 사랑이 필요한 사람들이 많습니다. 그들을 진정한 사랑으로 품게 하시고 주님의 마음으로 섬기게 하소서.

ESV - Galatians 5

7 You were running well. Who hindered you from obeying the truth?
8 This persuasion is not from him who calls you.
9 A little leaven leavens the whole lump.
10 I have confidence in the Lord that you will take no other view, and the one who is troubling you will bear the penalty, whoever he is.
11 But if I, brothers,* still preach* circumcision, why am I still being persecuted? In that case the offense of the cross has been removed.
12 I wish those who unsettle you would emasculate themselves!
13 For you were called to freedom, brothers. Only do not use your freedom as an opportunity for the flesh, but through love serve one another.
14 For the whole law is fulfilled in one word: "You shall love your neighbor as yourself."
15 But if you bite and devour one another, watch out that you are not consumed by one another.

*5:11 Or brothers and sisters; also verse 13
*5:11 Greek proclaim

7 hinder 방해하다　obey 따르다　 8 persuasion 설득　 9 leaven 누룩　 10 confidence 확신　bear 받다　penalty 형벌　
11 circumcision 할례　persecute 박해하다　offense 실족하게 하는 것　remove 제거하다　 12 unsettle 혼란스럽게 하다　
emasculate 거세하다　 13 opportunity 기회　flesh 육체　serve 섬기다　 14 law 율법　 15 devour 집어삼키다　consume 파괴하다

☐ 묵상 체크

14
월   일

육체의 일과 성령의 열매
갈라디아서 5:16-26 • 새찬송 186장 | 통일 176장

• 말씀묵상 전에 성령님의 인도하심을 구하는 기도를 드리십시오.

> **본문요약** | 그리스도인은 믿음으로 새 생명을 얻었지만, 마지막 날까지 "육체의 욕심"으로부터 완전히 자유롭지 못하다. 그렇지만 그리스도인은 성령의 능력으로 그 욕심들을 정복할 수 있다. 그런 의미에서 그리스도인의 삶은 '육체가 지배하는지' 아니면 '성령이 지배하는지'를 보여준다.

16 내가 이르노니 너희는 성령을 따라 행하라 그리하면 육체의 욕심을 이루지 아니하리라
17 육체의 소욕은 성령을 거스르고 성령은 육체를 거스르나니 이 둘이 서로 대적함으로 너희가 원하는 것을 하지 못하게 하려 함이니라
18 너희가 만일 성령의 인도하시는 바가 되면 율법 아래에 있지 아니하리라
19 육체의 일은 분명하니 곧 음행과 더러운 것과 호색과
20 우상숭배와 주술과 원수 맺는 것과 분쟁과 시기와 분냄과 당 짓는 것과 분열함과 이단과
21 투기와 술 취함과 방탕함과 또 그와 같은 것들이라 전에 너희에게 경계한 것같이 경계하노니 이런 일을 하는 자들은 하나님의 나라를 유업으로 받지 못할 것이요
22 오직 성령의 열매는 사랑과 희락과 화평과 오래 참음과 자비와 양선과 충성과
23 온유와 절제니 이 같은 것을 금지할 법이 없느니라
24 그리스도 예수의 사람들은 육체와 함께 그 정욕과 탐심을 십자가에 못 박았느니라
25 만일 우리가 성령으로 살면 또한 성령으로 행할지니
26 헛된 영광을 구하여 서로 노엽게 하거나 서로 투기하지 말지니라

1. 오늘 하나님께서 나에게 주신 깨달음은 무엇입니까?

2. 말씀을 어떻게 내 삶에 구체적으로 적용해야 합니까?

절별 해설

16 내가 이르노니 너희는 성령을 따라 행하라 그리하면 육체의 욕심을 이루지 아니하리라 예수 그리스도를 믿는 사람들은 그리스도와 연합되고 그들 안에 성령께서 내주하신다. 바울은 이제 성도들이 내주하신 성령의 인도를 따르면 성령께서는 그들로 하여금 하나님을 기쁘시게 하는 삶을 살도록 능력을 줄 것이라고 설명한다.

17 육체의 소욕은 성령을 거스르고 성령은 육체를 거스르나니 이 둘이 서로 대적함으로 너희가 원하는 것을 하지 못하게 하려 함이니라 어떤 사람이 그리스도인이 되기 이전, 그는 옛 영역－죄, 율법, 죽음－에 속해 있다. 그러나 믿음으로 그리스도인이 된 이후, 그는 새 영역－생명, 성령－으로 이동하게 된다. 비록 그가 새 영역에서 구원의 기쁨을 누리고 있지만 현재의 '악한 세대'(1:4)는 완전히 지나가지 않았다. 그래서 그리스도인 안에는 성령께서 내주하시지만 여전히 육체의 욕심이 존재한다. 이 둘은 서로 반대하기 때문에 그리스도인이 새 영역의 존재로 살려고 할 때는 여전히 남아 있는 육체의 소욕(옛 습관)의 방해가 있고, 육체의 소욕대로 살려고 할 때는 성령께서 그러한 삶을 막으신다.

18 너희가 만일 성령의 인도하시는 바가 되면 율법 아래에 있지 아니하리라 믿음으로 그리스도인이 되면, 그 안에 내주하는 성령께서 정확한 삶의 방향을 제공하시기 때문에 이제 성령의 인도함을 받는 그리스도인은 육체의 소욕을 정복할 수 있다.

19 육체의 일은 분명하니 곧 음행과 더러운 것과 호색과 바울은 성적인 죄와 관련된 것들을 열거한다. 여기서 "더러움"은 성적으로 순결을 빼앗는 것과 성적인 죄 때문에 생기는 불결함을 의미한다. 또한 "호색"은 성적인 방종을 의미한다.

20-21 우상숭배와 주술 바울은 한 분 하나님을 경배하는 것을 거부하는 죄를 열거한다. 여기서 "주술"은 살아계신 하나님을 신뢰하는 것보다 다른 것들을 의존하도록 하는 술수를 말한다. **원수 맺는 것과 분쟁과 시기와 분냄과 당 짓는 것과 분열함과 이단과 투기와 술 취함과 방탕함과 또 그와 같은 것들이라** 바울은 사회적인 관계에서 일어나는 죄들을 열거한다.

22 성령의 열매 '성령의 열매'란 '육체의 일'(19절)과 대조되는 말로서, 사람이 만들어 내는 것이 아니라 성령에 의해서 인간의 삶 가운데 나타나는 것이다.

24 그리스도 예수의 사람들은 육체와 함께 그 정욕과 탐심을 십자가에 못 박았느니라 그리스도인들은 죄를 억제하기 위해 율법을 필요로 하지 않는다. 왜냐하면 그들은 믿음으로 그리스도와 연합되어 정욕과 탐심을 십자가에 못 박았기 때문이다.

25 만일 우리가 성령으로 살면 또한 성령으로 행할지니 "성령으로

쉬운성경

16 그러므로 내가 말합니다. 성령을 따라 사십시오. 그러면 육체의* 욕망을 따라 살지 않게 될 것입니다.

17 육체의 욕망은 성령을 거스르고, 성령이 바라시는 것은 육체의 욕망을 거스릅니다. 이 둘은 서로 반대되는 것이므로, 여러분의 욕망대로 살 수 없게 합니다.

18 성령께서 이끄시는 대로 살면, 여러분은 율법 아래에 있지 않게 됩니다.

19 육체가 하는 일은 분명합니다. 곧 음행과 더러움과 음란과

20 우상 섬기기와 마술과 미움과 다툼과 질투와 화내기와 이기심과 편 가르기와 분열과

21 시기와 술 취하기와 흥청거리는 잔치와 같은 것들입니다. 전에도 경고했지만, 이제 다시 경고합니다. 이런 일을 하는 사람은 하나님의 나라에 들어가지 못합니다.

22 그러나 성령의 열매는 사랑과 기쁨과 평화와 오래 참음과 자비와 착함과 성실과

23 온유와 절제입니다. 이런 것들을 금지할 율법이 없습니다.

24 그리스도 예수께 속한 사람은 자기 육체를 정욕과 욕망과 함께 십자가에 못 박았습니다.

25 우리가 성령으로 새 생명을 얻었으므로, 성령을 따라 살아야 합니다.

26 그리고 교만하지 말고, 서로 다투거나 시기하지 말아야 합니다.

*5:16 바울이 말하는 '육체'는 '죄의 본성'을 뜻한다.

행하다"라는 구절은 문자적으로 '성령과 보조를 맞추어 가다'라는 뜻이다. 다시 말해 그리스도인들이 성령으로 생명을 얻었기 때문에 성령을 따라 계속해서 살아야 하며(5:16), 성령의 인도를 계속 받아야 한다는 것을 의미한다(5:18).

26 헛된 영광을 구하여 서로 노엽게 하거나 서로 투기하지 말지니라 헛된 영광은 교만을 의미하는데, 이 교만은 서로를 화나게 하고 시기하게 만든다. 바울은 사람들과의 관계 안에서 그러한 삶을 살지 않도록 권면한다.

저자의 묵상

우리는 정기적으로 교회에 출석하는 사람이라고 해서 그를 '그리스도인'이라고 부르지 않는다. 그리스도인이 되기 이전, 우리는 육체의 욕심에 따라 살았던 존재들이었다. 그러나 예수 그리스도를 믿었을 때 우리에게 놀라운 변화가 일어났다. 하나님께서 우리 안에 구원의 보증자이신 성령(엡 1:13-14)을 보내 주셨다. 하지만 우리가 옛 영역-죄, 율법, 죽음-에서 새 영역-생명, 성령-으로 옮겨 왔다 해도, 우리는 아직 몸을 입고 있으며(롬 8:23) 주변에 존재하는 세상적인 것들에 둘러싸여 있다. 그래서 그리스도인이 된 우리는 생명의 영역에 속한 백성으로서, 우리 안에 여전히 남아 있는 옛 습관들과 주변의 세상적인 것들을 정복해야 한다. 그러기 위해서 우리는 계속해서 성령의 인도하심을 구해야 하며 성령의 열매를 맺는 삶을 추구해야 할 것이다.

> **무릎기도** 은혜의 주님, 여전히 제 안에 남아 있는 옛 습관과 끊임없이 다가오는 세상의 유혹을 극복하고 성령의 열매를 맺으며 살 수 있도록 힘을 주소서.

ESV - Galatians 5

16 But I say, walk by the Spirit, and you will not gratify the desires of the flesh.
17 For the desires of the flesh are against the Spirit, and the desires of the Spirit are against the flesh, for these are opposed to each other, to keep you from doing the things you want to do.
18 But if you are led by the Spirit, you are not under the law.
19 Now the works of the flesh are evident: sexual immorality, impurity, sensuality,
20 idolatry, sorcery, enmity, strife, jealousy, fits of anger, rivalries, dissensions, divisions,
21 envy,* drunkenness, orgies, and things like these. I warn you, as I warned you before, that those who do* such things will not inherit the kingdom of God.
22 But the fruit of the Spirit is love, joy, peace, patience, kindness, goodness, faithfulness,
23 gentleness, self-control; against such things there is no law.
24 And those who belong to Christ Jesus have crucified the flesh with its passions and desires.
25 If we live by the Spirit, let us also keep in step with the Spirit.
26 Let us not become conceited, provoking one another, envying one another.

* 5:21 Some manuscripts add *murder*
* 5:21 Or *make a practice of doing*

16 Spirit 성령 gratify 충족시키다 flesh 육체 17 oppose 대항하다 18 law 율법 19 evident 명백한 immorality 부도덕 impurity 불결 sensuality 호색 20 idolatry 우상 숭배 sorcery 마술 enmity 적의 strife 분쟁 dissension 불화 21 orgy 흥청망청 놀고 마시기 warn 경고하다 inherit 상속받다 24 crucify 십자가에 못 박다 26 conceited 자만하는 provoke 화나게 하다

묵상 체크 ☐

15
월 일

성령의 인도를 따라 열매 맺는 삶

갈라디아서 6:1-10 • 새찬송 424장 | 통일 216장

• 말씀묵상 전에 성령님의 인도하심을 구하는 기도를 드리십시오.

> **본문요약 |** 성령께서 내주하는 그리스도인은 교만하지 않아야 하고, 죄에 빠진 동료 그리스도인들을 회복시키며, 서로의 짐을 나누어 져야 한다. 동시에 그리스도인은 마지막 날에 하나님 앞에 홀로 서야 하는 존재임을 잊지 말며 성령의 인도를 받는 삶을 살아야 한다.

1 형제들아 사람이 만일 무슨 범죄한 일이 드러나거든 신령한 너희는 온유한 심령으로 그러한 자를 바로잡고 너 자신을 살펴보아 너도 시험을 받을까 두려워하라
2 너희가 ¹⁾짐을 서로 지라 그리하여 그리스도의 법을 성취하라
3 만일 누가 아무것도 되지 못하고 된 줄로 생각하면 스스로 속임이라
4 각각 자기의 일을 살피라 그리하면 자랑할 것이 자기에게는 있어도 남에게는 있지 아니하리니
5 각각 자기의 짐을 질 것이라
6 가르침을 받는 자는 말씀을 가르치는 자와 모든 좋은 것을 함께 하라
7 스스로 속이지 말라 하나님은 업신여김을 받지 아니하시나니 사람이 무엇으로 심든지 그대로 거두리라
8 자기의 육체를 위하여 심는 자는 육체로부터 썩어질 것을 거두고 성령을 위하여 심는 자는 성령으로부터 영생을 거두리라
9 우리가 선을 행하되 낙심하지 말지니 포기하지 아니하면 때가 이르매 거두리라
10 그러므로 우리는 기회 있는 대로 모든 이에게 착한 일을 하되 더욱 믿음의 가정들에게 할지니라

1. 오늘 하나님께서 나에게 주신 깨달음은 무엇입니까?

2. 말씀을 어떻게 내 삶에 구체적으로 적용해야 합니까?

1) 또는 무거운 짐을

절별 해설

2 너희가 짐을 서로 지라 그리하여 그리스도의 법을 성취하라 이 구절에서 그리스도인이 짊어져야 할 '짐'은 6:1에 언급된 죄에 빠진 동료 그리스도인들을 회복하는 것뿐만 아니라, 그 당시의 박해, 재정적인 어려움, 질병 등 여러 가지 어려움들을 뜻한다. **그리스도의 법** 학자들 간에 많은 이견이 있지만, 이것은 무엇보다도 전후 문맥과 관련하여 '사랑의 법'(5:13-14)을 의미한다. 믿음으로 그리스도와 연합된 그리스도인들이 누리는 새 생명의 원리를 뜻한다.

4 각각 자기의 일을 살피라 그리하면 자랑할 것이 자기에게는 있어도 남에게는 있지 아니하리니 본절은 그리스도인의 구원과 관련된다. 바울은 내주하신 성령께서 그들 안에서 이루어 온 열매들을 살피도록 권면한다. 성령의 열매들은 마지막 날 하나님 앞에 서게 될 때 그들이 구원받은 백성이라는 사실을 보여주는 증거가 될 것이다.

6 말씀을 가르치는 자 거짓 선생들은 갈라디아 교회에 침투하여 교인들에게 혼란을 가져왔다. 그래서 교회의 지도자들은 더욱더 성도들에게 '진정한 복음이 무엇인지' 가르쳤을 것이다. 여기서 "가르치는 자"는 '교회의 지도자'를 의미한다.
모든 좋은 것을 함께하라 바울은 갈라디아 교인들에게 지도자들이 복음을 선포하고 연구하는 데 전념할 수 있도록 재정적인 도움을 요청하고 있다.

7 스스로 속이지 말라 하나님은 업신여김을 받지 아니하시나니 사람이 무엇으로 심든지 그대로 거두리라 이것은 그리스도인에게 주어지는 삶의 원리다(고후 9:6 참조). 그러나 바울은 지도자를 재정적으로 돕는 것에 강조점을 두고 있다. 여기서 '심는 행위'는 구원받은 백성의 삶에 자연스럽게 표출되는 행위를 나타낸다.

8 자기의 육체를 위하여 심는 자는 육체로부터 썩어질 것을 거두고 "자기의 육체를 위하여 심는다"라는 표현은 "이 악한 세상"(1:4)에 속해 있다는 것을 의미한다. 여기서 "육체"는 이기적인 욕망과 일치하는 자신의 이익을 위해 세상적인 것들을 사용하는 것을 의미한다. 바울은 옛 아담에 속해 있는 삶은 마지막 날에 반드시 심판이 임할 것이라고 강조한다. 여기서 바울은 행위 구원이 아니라 새 언약에 속해 있는 그리스도인의 마땅한 삶을 강조하고 있다.
성령을 위하여 심는 자는 성령으로부터 영생을 거두리라 여기서 "성령을 위하여 심는다"는 것은 선을 행하는 것이다. 성령 하나님과 동행하는 삶은 성령의 열매를 맺기 마련이다. 그래서 바울은 성령이 내주하는 그리스도인은 반드시 영생을 거둘 것이라고 강조한다.

쉬운성경

1 형제들이여, 여러분 가운데서 누구든지 죄지은 사람이 있거든, 신령함을 지닌* 여러분이 온유한 마음으로 그를 바로잡아야 합니다. 그러나 여러분도 유혹에 빠지지 않도록 조심하십시오.

2 여러분은 서로 다른 사람의 짐을 들어 주십시오. 그것이 그리스도의 법을 이루는 길입니다.

3 아무것도 아닌 사람이 무엇이나 된 것처럼 행동한다면, 그것은 자기를 속이는 일입니다.

4 자기를 다른 사람과 비교하지 마십시오. 사람은 저마다 자기 일을 살펴야 합니다. 그러면 자랑할 일이 자기에게만 있을 것입니다.

5 사람은 저마다 자기 일에 책임을 져야 합니다.

6 하나님의 가르침을 배우는 사람은 가르치는 사람과 모든 좋은 것을 나누어야 합니다.

7 스스로 속이지 마십시오. 하나님을 속일 수는 없습니다. 사람은 자기가 심은 대로 거둘 것입니다.

8 자기 육체의 욕망대로 심는 사람은 육체로부터 썩을 것을 거둘 것이며, 성령의 뜻을 따라 심는 사람은 성령으로부터 영원한 생명을 거둘 것입니다.

9 선한 일을 하다가 낙심하지 말아야 합니다. 때가 이르면, 영원한 생명을 거둘 것이므로 포기하지 말아야 합니다.

10 기회가 닿는 대로 모든 사람에게 선한 일을 해야 합니다. 특히 믿음의 가정에 그렇게 해야 합니다.

---

* 6:1 성령을 따라 사는

저자의 묵상

그리스도인은 내주하신 성령의 인도함을 따라 열매 맺는 삶을 살아야 한다. 성령의 인도를 받기 때문에 우리는 좋은 열매의 삶을 살았을 때에도 남들에게 자랑할 수 없다. 만약 우리가 주변에서 죄에 빠진 동료들을 만나게 되면 그들을 정죄하기보다는 주님의 사랑으로 품어야 한다. 또한 우리 자신도 그러한 삶에 미혹되지 않도록 신앙의 옷깃을 여며야 한다. 만약 우리가 많은 어려움을 당하는 동료들을 만나면 주님의 마음으로 그들을 영적으로, 물질적으로 도와야 한다. 이것은 주 안에서 한 형제자매 된 사람들로서 베풀어야 하는 도움이다. 이처럼 성령의 인도에 따라 열매를 맺는 삶은 우리가 진정으로 구원받은 백성이라는 사실을 보여주는 증거가 될 것이다.

> **무릎기도** 하나님, 저를 구원의 백성으로 삼아 주셔서 감사합니다. 주님의 백성으로서 제가 성령의 열매를 맺는 삶을 살 수 있도록 힘을 주소서.

ESV - Galatians 6

1 Brothers,* if anyone is caught in any transgression, you who are spiritual should restore him in a spirit of gentleness. Keep watch on yourself, lest you too be tempted.
2 Bear one another's burdens, and so fulfill the law of Christ.
3 For if anyone thinks he is something, when he is nothing, he deceives himself.
4 But let each one test his own work, and then his reason to boast will be in himself alone and not in his neighbor.
5 For each will have to bear his own load.
6 Let the one who is taught the word share all good things with the one who teaches.
7 Do not be deceived: God is not mocked, for whatever one sows, that will he also reap.
8 For the one who sows to his own flesh will from the flesh reap corruption, but the one who sows to the Spirit will from the Spirit reap eternal life.
9 And let us not grow weary of doing good, for in due season we will reap, if we do not give up.
10 So then, as we have opportunity, let us do good to everyone, and especially to those who are of the household of faith.

* 6:1 Or *Brothers and sisters*; also verse 18

1 transgression 죄   restore 되돌리다   lest …하지 않도록   tempt 유혹하다   2 bear 지다   burden 짐   3 something 중요한 사람   deceive 속이다   4 boast 자랑하다   7 mock 조롱하다   reap 수확하다   8 flesh 육체   corruption 부패   Spirit 성령   eternal life 영생   9 grow weary 지치다   in due season 때가 오면   10 opportunity 기회   household 가정

☐ 묵상 체크

16
월   일

가장 귀한 예수 그리스도
갈라디아서 6:11-18 • 새찬송 135장 | 통일 133장

• 말씀묵상 전에 성령님의 인도하심을 구하는 기도를 드리십시오.

> **본문요약 ㅣ** 예수 그리스도의 십자가는 역사 안에서 결정적인 전환점이다. 왜냐하면 그 십자가를 통하여 새 언약이 시작되었기 때문이다. 그래서 여전히 할례를 주장하는 사람들은 "이 악한 세상"에 속할 뿐만 아니라, 십자가를 부인하는 것과 같다.

11 내 손으로 너희에게 이렇게 큰 글자로 쓴 것을 보라
12 무릇 육체의 모양을 내려 하는 자들이 억지로 너희에게 할례를 받게 함은 그들이 그리스도의 십자가로 말미암아 박해를 면하려 함뿐이라
13 할례를 받은 그들이라도 스스로 율법은 지키지 아니하고 너희에게 할례를 받게 하려 하는 것은 그들이 너희의 육체로 자랑하려 함이라
14 그러나 내게는 우리 주 예수 그리스도의 십자가 외에 결코 자랑할 것이 없으니 그리스도로 말미암아 세상이 나를 대하여 십자가에 못 박히고 내가 또한 세상을 대하여 그러하니라
15 할례나 무할례가 아무것도 아니로되 오직 새로 지으심을 받는 것만이 중요하니라
16 무릇 이 규례를 행하는 자에게와 하나님의 이스라엘에게 평강과 긍휼이 있을지어다
17 이 후로는 누구든지 나를 괴롭게 하지 말라 내가 내 몸에 예수의 흔적을 지니고 있노라
18 형제들아 우리 주 예수 그리스도의 은혜가 너희 심령에 있을지어다 아멘

1. 오늘 하나님께서 나에게 주신 깨달음은 무엇입니까?

2. 말씀을 어떻게 내 삶에 구체적으로 적용해야 합니까?

절별 해설

쉬운성경

11 내 손으로 너희에게 이렇게 큰 글자로 쓴 것을 보라 1세기 당시 서기관이 저자의 구술을 받아쓰는 방식은 저술을 위한 일반적인 관습이었다(롬 16:22 참조). 이제 바울이 직접 큰 글자로 쓴 이유에 대해서는 여러 가지 견해가 있다. 여기서는 첫째, 본 서신의 진실성을 증명하고 바울 자신의 주요 논점을 특별히 강조하기 위함이라는 견해와 둘째, 바울의 시력이 나쁘거나 눈의 질병 때문이라는 견해가 가장 타당성이 있다(고후 12:7).

12-13 무릇 육체의 모양을 내려 하는 자들이 억지로 너희에게 할례를 받게 함은 그들이 그리스도의 십자가로 말미암아 박해를 면하려 함뿐이라 본문에는 율법주의 거짓 선생들의 특징이 언급되어 있다. 그들은 (1)겉치레만 일삼는 외식주의자들이며(딤후 3:5), (2)육체적인 할례를 구원의 전제 조건으로 주장하는 유대주의자들이며(빌 3:2), (3)복음의 진리에서 벗어나서 자신의 영광을 추구하고 세상과 타협하는 현실주의자들이다(딤전 1:6). 바울은 갈라디아 교회들에게 악영향을 미친 유대주의자들의 거짓 교훈은 그리스도의 십자가로 인하여 박해받지 않으려는 데 있었다고 통렬히 비난한다.

14 세상 여기서 '세상'은 사람이 그리스도 밖에서 영광을 구하고 신뢰를 두는 모든 세속적인 것을 가리킨다.

15 할례나 무할례가 아무것도 아니로되 오직 새로 지으심을 받는 것만이 중요하니라 바울은 할례나 무할례를 중요하게 여겨서는 안 된다고 주장한다. 왜냐하면 그 둘은 새 영역-생명, 성령-으로 들어오는데 어떠한 영향을 미치지 않기 때문이다. 중요한 것은 예수 그리스도의 십자가를 통하여 생명의 새 시대가 도래했다는 것이다. 그래서 사람들은 새 시대를 가져온 그리스도를 믿음으로 새로운 피조물이 되었다.

16 이 규례 이것은 15절에 언급된 '새로 지으심을 받는 것' 즉, 하나님의 새로운 백성이 되는 것과 관련된다. 바울은 그리스도의 십자가를 통하여 시작된 '새 창조'의 삶을 사는 사람들과 하나님의 백성에게 약속된 평강과 긍휼이 있을 것이라고 강조한다.

17 이 후로는 누구든지 나를 괴롭게 하지 말라 내가 내 몸에 예수의 흔적을 지니고 있노라 바울은 그리스도의 십자가를 통하여 '새 창조'가 시작되었기 때문에 '옛 창조'에 속한 율법의 규례들로 자신을 괴롭히지 않도록 강조한다.

예수의 흔적 바울이 사도로서 경험했던 온갖 어려움의 결과로서, 예수 그리스도를 증거하면서 겪은 박해의 흔적을 가리킨다.

11 내 손으로 이렇게 여러분에게 큰 글자로 씁니다.

12 여러분에게 억지로 할례를 받도록 하려는 사람들이 있습니다. 그들은 육체를 꾸미기 좋아하는 사람들입니다. 그들은 그리스도의 십자가를 따르면, 박해를 받을까 봐 두려워하고 있습니다.

13 할례를 받은 사람들이 스스로도 율법을 지키지 않으면서 여러분에게는 할례를 받게 하려는 것은 여러분에게 한 일을 가지고 자랑하기 위함입니다.

14 그러나 내게는 우리 주 예수 그리스도의 십자가 말고는 아무것도 자랑할 것이 없습니다. 그리스도의 십자가를 통해 세상은 나에 대해서 죽었고, 나는 세상에 대해서 죽었습니다.

15 할례를 받느냐 받지 않느냐 하는 것이 중요한 것이 아닙니다. 중요한 것은 하나님의 새로운 백성이 되는 것입니다.

16 이 규칙을 따르는 사람, 곧 하나님의 모든 백성에게 평화와 자비가 있기를 바랍니다.

17 그러므로 이제부터는 나를 괴롭히지 마십시오. 내 몸에는 그리스도 예수의 흔적이 있습니다.

18 형제들이여, 우리 주 예수 그리스도의 은혜가 여러분의 심령에 있기를 빕니다. 아멘.

저자의 묵상

바울은 자신의 구술을 기록했던 서기관으로부터 붓을 건네받고, 지금까지 강조했던 주요 논점을 직접 쓰고 있다. 자신이 선포한 복음을 믿음으로 받아들이고 새 생명을 얻었던 갈라디아 교인들을 생각하면서, 바울이 다시 강조하는 것은 '그리스도의 십자가 사건'이다. 이 사건은 인류의 죄의 문제를 해결한 구원의 서막을 알리는 것이었다. 사람들은 십자가에서 죄를 해결하시고 구원을 성취한 그리스도를 믿음으로써 구원의 복을 얻게 되었다. 그래서 바울은 육체의 자랑거리를 찾는 거짓 선생들과 달리, 오직 예수 그리스도만을 자랑한다고 주장한다. 바울에게는 예수 그리스도를 증거하다가 얻게 된 상처조차도 축복이었던 것이다. 우리 역시 '예수의 흔적'을 지니며, 오직 예수만을 드러내는 삶을 살아야 하겠다.

> **무릎 기도** 하나님, 바울처럼 예수님만 자랑하며 예수님 때문에 얻은 상처까지도 감사하게 하소서. 또한 저에게 식지 않은 복음 선포에 대한 열정을 주소서.

ESV - Galatians 6

11 See with what large letters I am writing to you with my own hand.
12 It is those who want to make a good showing in the flesh who would force you to be circumcised, and only in order that they may not be persecuted for the cross of Christ.
13 For even those who are circumcised do not themselves keep the law, but they desire to have you circumcised that they may boast in your flesh.
14 But far be it from me to boast except in the cross of our Lord Jesus Christ, by which* the world has been crucified to me, and I to the world.
15 For neither circumcision counts for anything, nor uncircumcision, but a new creation.
16 And as for all who walk by this rule, peace and mercy be upon them, and upon the Israel of God.
17 From now on let no one cause me trouble, for I bear on my body the marks of Jesus.
18 The grace of our Lord Jesus Christ be with your spirit, brothers. Amen.

6:14 Or through whom

12 flesh 육체 force 강요하다 circumcise 할례를 하다 in order that …하기 위해 persecute 박해하다   13 law 율법 boast 자랑하다   14 crucify 십자가에 못 박다   15 count for 중요하다   17 marks of …의 흔적

데살로니가전후서를 묵상하기 전에

제목

이 서신을 수신하는 데살로니가 교회의 이름에서 유래되었다. 이런 이유로 헬라어 성경에는 '데살로니가 사람들에게'라는 제목이 사용되었다.

저자와 저작 연대

본 서신서의 저자는 바울이다(살전 1:1; 2:18; 살후 1:1; 3:17). 각 서신서의 초두에 실루아노(실라)와 디모데가 1인칭 복수대명사(우리)로 언급되지만, 저자는 바울이다. 실루아노와 디모데는 바울의 동역자였다. 이 서신은 AD 50년 혹은 51년경에 기록되었다.

수신자

본 서신의 수신자는 데살로니가 교회 성도들이다. 바울이 어떻게 데살로니가 교회를 세우고 곧 떠나게 되었는지는 사도행전 17장에 기록되어 있다. 바울은 2차 전도여행 때 데살로니가에 도착했다(AD 50년, 1절). 바울은 늘 그랬던 것처럼 유대인의 회당에 들어가 예수 그리스도가 죽으시고 다시 부활하신 구세주임을 강론했다. 이에 유대인들이 믿음을 갖게 되었으며, 유대교로 개종한 헬라인과 귀부인들도 예수님을 영접하였다(2-4절). 그러나 곧 유대인의 시기와 소동 때문에 바울과 그의 일행은 데살로니가를 떠날 수밖에 없었다(5-10절). 바울은 고린도에 머물면서 두고 온 데살로니가 교회 성도들을 위로하고 그들의 신앙을 지도하기 위해 이 편지를 썼다(행 18:1-17 참고).

기록 배경

데살로니가는 오늘날 살로니카에 해당하는 지역이다. 이 도시는 에게 해 북부 테르마 지역에 위치해 있다. 데살로니가는 BC 168년경에 마게도냐의 수도가 되었으며, 로마 정부로부터 자치 도시로 인정받았다. 교통의 요지에 위치한 데살로니가는 마게도냐의 정치, 상업 활동의 중심지로 '마게도냐 전체의 어머니'로 알려졌다. 바울 시대에 이 도시의 인구는 20만 명 정도로 추산된다.

바울은 자신이 두고 온 데살로니가 교회 성도들을 생각하며 두 번의 편지를 보냈다. 첫 번째 편지를 통해 바울은 데살로니가 교회 성도들에게 다음과 같은 내용을 전하길 원했다. (1)먼저 그들에 대한 격려(1:2-10), (2)따라야 할 과거의 헌신과 모범(2:1-12), (3)고난 중의 위로(2:13-16), (4)바울의 방문 의지와 그들을 향한 신뢰와 기쁨(2:17-3:13), (5)하나님을 기쁘시게 하는 삶(4:1-12), (6)주님의 재림에 대한 바른 가르침(4:13-5:11), (7)사랑과 화목의 삶(5:12-15), (8)그리스도인이 추구해야 할 영적인 삶(5:16-28).

바울은 첫 번째 편지를 보낸 후에 데살로니가 교회 성도들의 상황을 더 자세하게 알게 되었던 것 같다. 그들은 여전히 신앙을 굳건히 지키고 있었다. 그럼에도 불구하고 공동체 안에 잘못된 가르침 때문에 흔들리고 게으른 삶에 빠진 자들이 생겨났다. 이에 바울은 두 번째 편지를 통해 다음과 같은 것을 알려 주길 원했다. (1)신앙을 지키는 자들에 대한 격려와 하나님의 공의로운 심판(1:3-12), (2)진리의 거부와 멸망할 자들(2:1-12), (3)지켜야 할 올바른 전통(2:13-17), (4)무질서와 게으른 자들에 대한 교훈(3:6-15).

주요 관점과 신학

데살로니가전후서는 종종 '종말에 관한 서신'이라고 불릴 정도로 예수님의 재림에 관한 가르침과 그에 합당한 그리스도인의 삶이 강조되고 있다. 또한 목회서신이라는 이름에 걸맞게 바른 배움 위에 사랑, 격려, 성실함으로 어떻게 교회를 세워 나가야 할지에 대한 가르침이 나타나고 있다.

단락 구분

〈데살로니가전서〉

I. 바울의 인사(1:1)
II. 바울의 감사와 찬양(1:2-3:13)
　(1) 교회로 인한 감사(1:2-10)
　(2) 모범의 헌신(2:1-16)
　(3) 바울의 방문 의지와 신뢰(2:17-3:13)

Ⅲ. 바울의 실천적 교훈(4:1-12)
　　(1) 성도의 도덕적 순결(4:1-8)
　　(2) 절제된 생활(4:9-12)
Ⅳ. 주님의 재림과 성도의 합당한 삶(4:13-5:22)
　　(1) 주의 강림과 부활(4:13-18)
　　(2) 깨어 있는 삶(5:1-11)
　　(3) 신앙생활의 초석(5:12-22)
Ⅴ. 바울의 축도와 마지막 인사(5:23-28)

〈데살로니가후서〉
Ⅰ. 바울의 인사(1:1-2)
Ⅱ. 하나님의 공의로운 심판(1:3-12)
　　(1) 인내에 대한 감사(1:3-4)
　　(2) 하나님의 심판(5-10)
　　(3) 바울의 기도(11-12)
Ⅲ. 진리를 거부하는 자들과 그들의 멸망(2:1-12)
　　(1) 불법의 사람과 멸망의 아들(2:1-5)
　　(2) 말세의 징후와 심판(2:6-12)
Ⅳ. 지켜야 할 전통과 행해야 할 올바른 삶(2:13-3:15)
　　(1) 계속되어야 할 올바른 전통(2:13-17)
　　(2) 바울의 기도 부탁(3:1-5)
　　(3) 성도의 질서 있고 성실한 삶(3:6-15)
Ⅴ. 바울의 축복(3:16-18)

☐ 묵상 체크

17
월   일

끊임없는 기도, 맺히는 열매
데살로니가전서 1:1–10 • 새찬송 210장 | 통일 245장

• 말씀묵상 전에 성령님의 인도하심을 구하는 기도를 드리십시오.

본문요약 ㅣ 바울은 데살로니가 교회를 생각하며 감사로 기도를 드린다. 성도들이 환난 가운데서도 말씀을 굳게 붙잡고 흔들림 없이 예수님을 따랐기 때문이다. 그 결과 이들의 믿음의 소문이 마게도냐와 아가야를 넘어 여러 지역에 퍼진다. 바울은 이러한 모습이 다른 성도에게 좋은 본이 되었다고 칭찬한다.

1 바울과 실루아노와 디모데는 하나님 아버지와 주 예수 그리스도 안에 있는 데살로니가인의 교회에 편지하노니 은혜와 평강이 너희에게 있을지어다
2 우리가 너희 모두로 말미암아 항상 하나님께 감사하며 기도할 때에 너희를 기억함은
3 너희의 믿음의 역사와 사랑의 수고와 우리 주 예수 그리스도에 대한 소망의 인내를 우리 하나님 아버지 앞에서 끊임없이 기억함이니
4 하나님의 사랑하심을 받은 형제들아 너희를 택하심을 아노라
5 이는 우리 복음이 너희에게 말로만 이른 것이 아니라 또한 능력과 성령과 큰 확신으로 된 것임이라 우리가 너희 가운데서 너희를 위하여 어떤 사람이 된 것은 너희가 아는 바와 같으니라
6 또 너희는 많은 환난 가운데서 성령의 기쁨으로 말씀을 받아 우리와 주를 본받은 자가 되었으니
7 그러므로 너희가 마게도냐와 아가야에 있는 모든 믿는 자의 본이 되었느니라
8 주의 말씀이 너희에게로부터 마게도냐와 아가야에만 들릴 뿐 아니라 하나님을 향하는 너희 믿음의 소문이 각처에 퍼졌으므로 우리는 아무 말도 할 것이 없노라
9 그들이 우리에 대하여 스스로 말하기를 우리가 어떻게 너희 가운데에 들어갔는지와 너희가 어떻게 우상을 버리고 하나님께로 돌아와서 살아 계시고 참되신 하나님을 섬기는지와
10 또 죽은 자들 가운데서 다시 살리신 그의 아들이 하늘로부터 강림하실 것을 너희가 어떻게 기다리는지를 말하니 이는 장래의 노하심에서 우리를 건지시는 예수시니라

1. 오늘 하나님께서 나에게 주신 깨달음은 무엇입니까?

2. 말씀을 어떻게 내 삶에 구체적으로 적용해야 합니까?

절별 해설

1 바울과 실루아노와 디모데 본 서신의 발신자 바울과 그와 함께 있는 동역자들이 등장한다. 실루아노(또는 실라)는 바나바와 헤어진 뒤(행 15:39) 바울의 2차 전도여행을 함께한 인물이며(행 15-18장), 후에 베드로의 대필자로도 사역했다(벧전 5:12). 디모데는 바울에게 가장 신뢰받는 제자였으며 2차, 3차 전도여행에 함께했다. 또한 디모데는 바울이 로마에 감금되었을 때 그의 곁을 지켰다(빌 1:1; 골 1:1; 몬 1:1). 이후 그는 바울이 마게도냐로 갈 때에 에베소에 남아 바울 대신 사역을 감당했다(딤전 1:3).

데살로니가인의 교회 본 서신의 수신자. 데살로니가 교회는 바울의 2차 선교여행 때 설립된 교회였다(행 17:1-9). 데살로니가가 BC 168년경에 마게도냐의 수도가 되었으며, 로마 정부로부터 자치 도시로 인정받았다. 교통의 요지에 위치한 이 도시는 마게도냐의 정치, 상업 활동의 중심지로 '마게도냐 전체의 어머니'로 알려졌다.

3 너희의 믿음의 역사와 사랑의 수고와 우리 주 예수 그리스도에 대한 소망의 인내 바울이 왜 데살로니가 교회를 생각할 때마다 감사를 드렸는지 그 이유가 등장한다.

6 너희는 많은 환난 가운데서 사도행전 17장 5-9절에 기록된 사건과 그 이후에 계속된 여러 어려움을 말한다. 많은 사람들이 바울과 실라를 따르자 시기심을 느낀 유대인들은 불량배들을 동원해 바울을 따랐던 야손의 집에 침입했다. 다행히 바울 일행은 피신하였으나 야손과 함께한 형제들은 읍장에게 끌려가게 되었다. 야손과 형제들은 보석금을 지불하고 풀려났으나 그 이후에도 그들에 대한 유대인의 감시와 핍박은 계속되었다(2:14 참조).

성령의 기쁨으로 말씀을 받아 우리와 주를 본받은 자가 되었으니 바울은 데살로니가에 머물 때 말씀을 강론하며 그리스도의 죽으심과 부활에 대해 가르쳤다. 그 결과 많은 사람들, 곧 헬라인 및 상류층의 여인들이 복음을 받아들이고 바울을 따르게 되었다(행 17:2-4).

7 너희가 마게도냐와 아가야에 있는 모든 믿는 자의 본이 되었느니라 데살로니가 교인들은 많은 환난 가운데서도 믿음을 지켰고, 그 결과 마게도냐와 아가야에 있는 성도들에게 믿음의 본이 되었다. '본'에 해당하는 헬라어는 밀랍에 찍은 인장이나 주조된 동전에 찍힌 표시나 상을 말한다. 바울은 데살로니가 교회 성도들의 믿음이 다른 성도들의 모범으로 삼을 만한 표시가 되었다고 칭찬한다. 한편 마게도냐와 아가야는 로마 제국의 두 그리스 속주였다. 북부에 위치한 마게도냐의 수도는 데살

쉬운성경

1 바울과 실루아노*와 디모데는 하나님 아버지와 주 예수 그리스도의 교회인 데살로니가 교회에 편지합니다. 하나님의 은혜와 평안이 여러분에게 있기를 빕니다.

2 우리는 기도할 때마다 여러분을 기억하며 하나님께 감사드리고 있습니다.

3 여러분이 믿음으로 행한 일들과, 사랑으로 행한 수고와, 우리 주 예수 그리스도 안에서 굳건히 소망을 지켜 가는 모습을 보며, 늘 하나님께 감사하고 있습니다.

4 형제 여러분, 우리는 하나님께서 여러분을 사랑하셔서 그분의 백성으로 삼으신 것을 알고 있습니다.

5 우리는 복음을 말로만 전하지 않고 하나님의 능력과 성령과 큰 믿음 가운데서 전했습니다. 여러분과 함께 있을 때 우리의 생활이 어떠했는지 여러분이 아실 것입니다. 그것은 여러분을 위해 그렇게 한 것입니다.

6 여러분도 이제 우리처럼 주님을 본받는 자가 되었습니다. 고난을 받는 중에도 성령이 주는 기쁨을 통해 주님의 말씀을 놓치지 않았기 때문에.

7 여러분은 마케도니아와 아가야 지역에 사는 성도들에게 모범이 되고 있습니다.

8 여러분을 통해 주님의 말씀이 마케도니아와 아가야 온 지방으로 퍼졌고, 여러분의 믿음도 그 모든 지역에 퍼졌습니다. 그러므로 하나님을 섬기는 여러분의 믿음에 관해서는 더 이상 할 말이 없습니다.

9 우리가 여러분을 방문했을 때, 여러분이 우리에게 잘 대해 준 것과, 섬기던 우상을 버리고 살아계신 하나님을 믿게 된

* 1:1 '실루아노'의 또 다른 이름은 '실라'이다. 신약성경에서는 같이 사용되고 있다.

절별 해설

로니가였으며, 남부에 위치한 아가야의 수도는 고린도였다.

8 너희 믿음의 소문이 각처에 퍼졌으므로 우리는 아무 말도 할 것이 없노라 데살로니가 교회의 전도 활동이나 또는 그들의 믿음의 소문이 퍼지는 것을 말할 수도 있다. 분명한 것은 데살로니가 성도들의 믿음의 소문이 마게도냐와 아가야뿐 아니라 다른 곳에까지 퍼져 나갔다는 사실이다. 이 소문은 데살로니가 교회의 지리적 이점으로 인해 **빠르게** 전파되었고 효과적인 전도의 영향력으로 나타났다.

것에 대해서 그 사람들이 우리에게 잘 말해 주고 있습니다.

10 또한 그들은 여러분이 하나님의 아들이 다시 오시기를 고대하고 있다고 말해 주었습니다. 그렇습니다. 하나님께서는 그 아들을 다시 살리셨고, 그 아들 예수님은 하나님의 노여운 심판에서 우리를 구해 주실 것입니다. 그분은 반드시 다시 오십니다.

저자의 묵상

바울은 본문에서 감사로 기도한다. 바울의 수고로 데살로니가 교회가 성장할 때 유대인의 시기와 소요가 있었고, 그 결과 그는 떠날 수밖에 없었다(행 17:4-10). 온 힘을 다해 사역했던 곳을 뒤로하고 떠났지만 그는 데살로니가 교회를 잊지 않았으며 그들을 위해 늘 기도했다. 바울의 수고와 기도에 하나님은 교회에 성숙과 성장을 주신다. 데살로니가 교회 성도들은 바울을 통해 전해진 하나님의 말씀을 기쁨으로 받았고 계속되는 환난 속에서도 예수님을 본받는 삶을 포기하지 않았다. 데살로니가 교회 성도들이 예수를 본받고자 노력하니 믿는 자의 본이 되었다. 귀한 믿음의 열매는 고난 가운데 맺힌다. 기쁨으로 받은 말씀을 인내로 살아 낼 때 맺히는 것이다. 고난 속에 맺힌 믿음의 열매는 주변 사람들에게 감동을 주고, 영혼을 일깨우는 도전이 되며, 낙심한 성도들에게 선한 영향력을 미친다. 오늘도 고난 중에 주님을 바라보며 말씀을 살아 낸다면 언젠가 우리의 귀한 믿음의 열매도 맺힐 것이다.

무릎 기도 하나님, 오늘 내게 주신 말씀을 붙잡고 주님을 바라봅니다. 고난 속에서도 다시 일어서서 믿음의 열매를 맺게 하소서.

ESV - 1 Thessalonians 1

1 Paul, Silvanus, and Timothy, To the church of the Thessalonians in God the Father and the Lord Jesus Christ: Grace to you and peace.
2 We give thanks to God always for all of you, constantly* mentioning you in our prayers,
3 remembering before our God and Father your work of faith and labor of love and steadfastness of hope in our Lord Jesus Christ.
4 For we know, brothers* loved by God, that he has chosen you,
5 because our gospel came to you not only in word, but also in power and in the Holy Spirit and with full conviction. You know what kind of men we proved to be among you for your sake.
6 And you became imitators of us and of the Lord, for you received the word in much affliction, with the joy of the Holy Spirit,
7 so that you became an example to all the believers in Macedonia and in Achaia.
8 For not only has the word of the Lord sounded forth from you in Macedonia and Achaia, but your faith in God has gone forth everywhere, so that we need not say anything.
9 For they themselves report concerning us the kind of reception we had among you, and how you turned to God from idols to serve the living and true God,
10 and to wait for his Son from heaven, whom he raised from the dead, Jesus who delivers us from the wrath to come.

* 1:2 Or *without ceasing*
* 1:4 Or *brothers and sisters*. In New Testament usage, depending on the context, the plural Greek word *adelphoi* (translated "brothers") may refer either to *brothers* or to *brothers and sisters*

---

2 constantly 항상   3 steadfastness 확고함   5 gospel 복음   with conviction 확신을 갖고   for one's sake …를 위해서
6 imitator 본받은 자   affliction 환난   7 become an example to …의 귀감이 되다   9 reception 환영   10 deliver 구하다
wrath 분노

• MEMO •

☐ 묵상 체크

18
월   일

삶으로 표현되는 복음

데살로니가전서 2:1-9 • 새찬송 463장 | 통일 518장

• 말씀묵상 전에 성령님의 인도하심을 구하는 기도를 드리십시오.

> **본문요약** | 바울은 자신이 누릴 수 있는 사도의 권리를 내려놓고 데살로니가 교회 성도들을 위해 사랑과 희생으로 사역했다. 이런 바울의 모범과 그의 진실한 가르침은 데살로니가 교인들의 마음에 깊이 새겨졌으며, 그 결과 복음의 뿌리가 깊어졌다.

1 형제들아 우리가 너희 가운데 들어간 것이 헛되지 않은 줄을 너희가 친히 아나니
2 너희가 아는 바와 같이 우리가 먼저 빌립보에서 고난과 능욕을 당하였으나 우리 하나님을 힘입어 많은 싸움 중에 하나님의 복음을 너희에게 전하였노라
3 우리의 권면은 간사함이나 부정에서 난 것이 아니요 속임수로 하는 것도 아니라
4 오직 하나님께 옳게 여기심을 입어 복음을 위탁 받았으니 우리가 이와 같이 말함은 사람을 기쁘게 하려 함이 아니요 오직 우리 마음을 감찰하시는 하나님을 기쁘시게 하려 함이라
5 너희도 알거니와 우리가 아무 때에도 아첨하는 말이나 탐심의 탈을 쓰지 아니한 것을 하나님이 증언하시느니라
6 또한 우리는 너희에게서든지 다른 이에게서든지 사람에게서는 영광을 구하지 아니하였노라
7 우리는 그리스도의 사도로서 마땅히 ¹⁾권위를 주장할 수 있으나 도리어 너희 가운데서 유순한 자가 되어 유모가 자기 자녀를 기름과 같이 하였으니
8 우리가 이같이 너희를 사모하여 하나님의 복음뿐 아니라 우리의 목숨까지도 너희에게 주기를 기뻐함은 너희가 우리의 사랑하는 자 됨이라
9 형제들아 우리의 수고와 애쓴 것을 너희가 기억하리니 너희 아무에게도 폐를 끼치지 아니하려고 밤낮으로 일하면서 너희에게 하나님의 복음을 전하였노라

1. 오늘 하나님께서 나에게 주신 깨달음은 무엇입니까?

2. 말씀을 어떻게 내 삶에 구체적으로 적용해야 합니까?

1) 또는 폐를 끼칠 터이나

절별 해설

1 헛되지 않은 줄을 너희가 친히 아나니 '헛되다'의 헬라어 뜻은 '수고 뒤에 결과가 전혀 없는' 혹은 '내용이 없는' 상태를 말한다. 데살로니가 교회 성도들의 굳건한 믿음과 그로 인한 좋은 소문은 바울의 사역이 결코 헛되지 않았음을 보여주었고, 그에게 큰 위로가 되었다.

2 우리가 먼저 빌립보에서 고난과 능욕을 당하였으나 바울과 실라가 데살로니가에 오기 전에 겪었던 일을 말한다. 바울과 실라는 거짓 고발을 당하고, 매를 맞으며, 정확한 판결 없이 감금당하기도 했다(행 16:19-40 참고). 이런 신체적, 심적 어려움을 겪었음에도 불구하고, 바울과 그의 일행은 데살로니가에서 복음을 전하는 일을 멈추지 않았다.

3 우리의 권면은 간사함이나 부정에서 난 것이 아니요 속임수로 하는 것도 아니라 바울은 자신의 가르침이 당시 만연해 있었던 거짓 교사들의 간사, 부정, 속임수와는 다른 것임을 강조했다. 거짓 교사들의 또 다른 잘못된 모습들은 5-6절에서도 추가적으로 나타나는데 아첨, 탐심, 자신의 영광 추구 등이 그것이었다.

4 오직 하나님께 옳게 여기심을 입어 복음을 위탁받았으니 바울의 영적 권위는 사람에게서 나온 것이 아닌 하나님의 인정으로부터 나온 것이었다. 또한 바울이 복음을 전하는 일은 하나님께로부터 위탁받은 사명이었다.
사람을 기쁘게 하려 함이 아니요 오직 우리 마음을 감찰하시는 하나님을 기쁘시게 하려 함이라 바울이 온갖 어려움과 고난 가운데서도 진실하게 복음을 전한 이유가 무엇이었는지 본절에서 분명하게 나타난다. 바울은 오직 마음을 감찰하시는 하나님을 기쁘시게 하기 위해 자신의 삶을 복음의 일꾼으로 바쳤다.

7 우리는 그리스도의 사도로서 마땅히 권위를 주장할 수 있으나 바울은 '우리'라는 복수대명사를 사용해 자신을 다른 사도들과 같은 위치에 두었다. 이 사도의 직분은 바울이 다메섹 도상에서 예수님을 만난 것과 하나님께로부터 복음 전파의 일꾼으로 위탁받은 것에 근거했다(행 9:4-15; 살전 2:4 참고).
도리어 너희 가운데서 유순한 자가 되어 유모가 자기 자녀를 기름과 같이 하였으니 바울은 사도의 권위를 가졌으나 데살로니가 교회 교인들을 권위가 아닌 사랑의 마음과 부드러운 모습으로 양육하고 돌보았다.

8 우리의 목숨까지도 너희에게 주기를 기뻐함은 너희가 우리의 사랑하는 자 됨이라 바울이 데살로니가 교회 교인들을 얼마나 사랑했는지를 분명하게 보여주고 있다. 바울은 그들을 사랑함으로 복음뿐만 아니라 자신의 목숨까지도 그들에게 주기를 원했다.

쉬운성경

1 형제 여러분, 우리가 여러분을 방문한 것이 결코 헛되지 않았음을 여러분도 알 것입니다.

2 여러분도 알다시피, 우리는 여러분에게 가기 전에 빌립보에서 고난을 당하였고 멸시를 받았습니다. 여러분에게 갔을 때도 많은 사람들이 우리를 대적하였습니다. 그러나 하나님께서는 여러분에게 담대하게 하나님의 복음을 전할 수 있도록 우리를 도와주셨습니다.

3 우리가 전하는 말은 여러분을 격려하기 위한 것입니다. 우리는 거짓을 말하지 않고, 악한 생각도 품지 않습니다. 결코 여러분을 속이지도 않습니다.

4 하나님께서 우리를 훈련시키시고 복음을 전하라고 하셨기 때문에 말씀을 전할 뿐입니다. 우리는 사람을 기쁘게 하기보다는, 우리 마음을 살피시는 하나님을 기쁘시게 해 드리기 원합니다.

5 우리가 여러분이 듣기에 좋은 말을 해서 여러분의 마음을 사거나, 돈을 바란다든지, 욕심을 채우기 위해 거짓으로 행동한 적이 없었다는 것을 여러분은 아실 것입니다. 하나님께서도 우리를 증거해 주실 것입니다.

6 우리는 여러분이나 혹은 다른 누군가가 칭찬해 주기를 바란 적도 없습니다.

7 우리가 그리스도의 사도로서 우리의 권위를 이용해 여러분에게 짐을 지울 수도 있었습니다. 그러나 우리가 여러분을 얼마나 온유한 마음으로 대했는지 아실 것입니다. 우리는 어린 자녀를 돌보는 어머니의 심정으로 여러분을 대했습니다.

8 우리는 여러분을 사랑하기 때문에 하나님의 말씀을 여러분에게 기쁜 마음으로 전할 뿐만 아니라 여러분을 위해 우리의 생명까지도 기꺼이 내어 줄 수 있습니다.

절별 해설

9 너희 아무에게도 폐를 끼치지 아니하려고 밤낮으로 일하면서 너희에게 하나님의 복음을 전하였노라 바울은 다른 사도들처럼 재정적 후원을 요청할 권리를 가지고 있었다(롬 15:24; 고전 9:4-14 참조). 그러나 바울은 데살로니가에서 자신이 직접 일해서 번 돈과 빌립보 교인들의 헌금 등을 가지고 생활했다(행 18:3; 빌 4:16 참조). 이는 바울이 데살로니가 교회 성도들에게 재정적인 부담을 주는 것을 원치 않았기 때문이다(살후 3:7-9).

> 9 형제들이여, 여러분은 우리가 얼마나 열심히 일했는지 아실 것입니다. 우리는 복음을 전하는 동안, 여러분 어느 누구에게도 짐이 되지 않으려고 밤낮으로 열심히 일했습니다.

저자의 묵상

본문은 "복음이 삶으로 표현되어야 한다"는 것을 강조한다. 복음은 분명 우리의 말을 통해 전해진다. 그러나 전해진 복음이 뿌리내리고 열매가 될 때까지 전하는 자의 진실되고 희생적인 삶이 필요하다. 분명 삶은 말보다 강한 힘을 가지고 있다. 바울은 자신의 사도적 권위를 내려놓고 모범적이고 감동적인 삶으로 데살로니가 교회 성도들을 가르치고 양육했다. 아이를 키우는 유모 같은 부드러움으로, 때로는 죽음까지 각오한 부모의 모습으로 사역했다. 교회에 재정적 부담을 주지 않기 위해 스스로 일하며 사역했던 모습 또한 데살로니가 교회 교인들에게 잊히지 않는 모습이었을 것이다.

우리가 복음을 전하고 사람들을 가르칠 때 말로만 그쳐서는 안 된다. 말하고 가르친 것을 우리 삶으로 표현해야 한다. 때로는 우리가 당연히 누릴 수 있는 것들을 내려놓고, 인내와 부드러움과 희생으로 우리에게 맡겨진 영혼들을 섬겨야 한다. 복음이 무엇인지 우리의 삶이 우리의 말보다 더 잘 보여주기 때문이다.

> **무릎기도** 하나님, 나의 입뿐만 아니라 나의 삶이 말하게 하소서. 복음이 무엇인지, 그리스도의 사랑이 무엇인지 나의 삶을 통해 표현할 수 있는 용기와 지혜를 주소서.

ESV - 1 Thessalonians 2

1 For you yourselves know, brothers,* that our coming to you was not in vain.
2 But though we had already suffered and been shamefully treated at Philippi, as you know, we had boldness in our God to declare to you the gospel of God in the midst of much conflict.
3 For our appeal does not spring from error or impurity or any attempt to deceive,
4 but just as we have been approved by God to be entrusted with the gospel, so we speak, not to please man, but to please God who tests our hearts.
5 For we never came with words of flattery,* as you know, nor with a pretext for greed —God is witness.
6 Nor did we seek glory from people, whether from you or from others, though we could have made demands as apostles of Christ.
7 But we were gentle* among you, like a nursing mother taking care of her own children.
8 So, being affectionately desirous of you, we were ready to share with you not only the gospel of God but also our own selves, because you had become very dear to us.
9 For you remember, brothers, our labor and toil: we worked night and day, that we might not be a burden to any of you, while we proclaimed to you the gospel of God.

* 2:1 Or *brothers and sisters*; also verses 9, 14, 17
* 2:5 Or *with a flattering speech*
* 2:7 Some manuscripts *infants*

---

1 in vain 헛되이 2 suffer 겪다 boldness 대담함 conflict 다툼 3 impurity 불결 attempt 시도 deceive 속이다 4 approve 승인하다 entrust with …을 맡기다 5 flattery 아첨 pretext 구실 greed 탐욕 witness 목격자 6 demand 요구 apostle 사도 7 nurse 양육하다 8 affectionately 애정 어리게 desirous of …을 원하는 9 toil 수고 burden 짐

• MEMO •

19 고난에 맞서는 참된 믿음

데살로니가전서 2:10-16 • 새찬송 336장 | 통일 383장

• 말씀묵상 전에 성령님의 인도하심을 구하는 기도를 드리십시오.

본문요약 | 바울은 데살로니가 교회 성도들을 자신의 영적 자녀로 삼고 양육했다. 그들은 바울이 전하는 말씀을 사람의 말이 아닌 하나님의 말씀으로 받아 참된 믿음에 이르고 하나님의 역사를 경험했다. 그러나 이제 데살로니가 교회 또한 앞선 유대의 교회처럼 고난을 받게 될 것이다.

10 우리가 너희 믿는 자들을 향하여 어떻게 거룩하고 옳고 흠 없이 행하였는지에 대하여 너희가 증인이요 하나님도 그러하시도다
11 너희도 아는 바와 같이 우리가 너희 각 사람에게 아버지가 자기 자녀에게 하듯 권면하고 위로하고 경계하노니
12 이는 너희를 부르사 자기 나라와 영광에 이르게 하시는 하나님께 합당히 행하게 하려 함이라
13 이러므로 우리가 하나님께 끊임없이 감사함은 너희가 우리에게 들은 바 하나님의 말씀을 받을 때에 사람의 말로 받지 아니하고 하나님의 말씀으로 받음이니 진실로 그러하도다 이 말씀이 또한 너희 믿는 자 가운데에서 역사하느니라
14 형제들아 너희가 그리스도 예수 안에서 유대에 있는 하나님의 교회들을 본받은 자 되었으니 그들이 유대인들에게 고난을 받음과 같이 너희도 너희 동족에게서 동일한 고난을 받았느니라
15 유대인은 주 예수와 선지자들을 죽이고 우리를 쫓아내고 하나님을 기쁘시게 하지 아니하고 모든 사람에게 대적이 되어
16 우리가 이방인에게 말하여 구원받게 함을 그들이 금하여 자기 죄를 항상 채우매 노하심이 끝까지 그들에게 임하였느니라

1. 오늘 하나님께서 나에게 주신 깨달음은 무엇입니까?

2. 말씀을 어떻게 내 삶에 구체적으로 적용해야 합니까?

절별 해설

10 너희가 증인이요 하나님도 그러하시도다 율법의 규정에 따르면 어떤 진실을 확증하기 위해서는 두 세 사람의 증인이 필요했다(민 35:30; 신 17:6). 바울은 자신의 사역이 바르고 흠 없는 것이었음을 확증하기 위해 증인으로 데살로니가 교회 성도들과 자신을 전도자로 세우신 하나님을 제시한다. 데살로니가 교인들은 바울의 삶에 대해 가장 잘 아는 증인이었고, 하나님은 바울의 내면을 가장 잘 아시는 증인이셨다(1:5; 2:1; 2:4 참고).

11 우리가 너희 각 사람에게 아버지가 자기 자녀에게 하듯 권면하고 위로하고 경계하노니 바울은 데살로니가 교회 성도들을 자신의 영적 자녀로 삼고 양육했다. 앞에서 자신을 유모로 비유했던 바울은(2:7), 이제 자신을 아버지로 비유한다. 바울은 자신이 아버지의 사랑으로 데살로니가 교회 성도들을 권면하고, 위로하며, 때로는 깨어 경계했다고 말한다.

12 자기 나라와 영광에 이르게 하시는 하나님께 합당히 행하게 하려 함이라 바울이 영적 아버지로서 데살로니가 교회 성도들을 어떤 목표로 양육했는지를 보여준다. 바울은 그분의 나라와 영광으로 부르시는 하나님 앞에 성도들이 어떻게 합당하게 살아갈 수 있는지 가르치길 원했다. '행하다'는 헬라어의 문자적 의미로 '걷다'라는 뜻을 가지고 있고 종종 '살다, 행하다'의 뜻으로도 번역된다.

13 너희가 우리에게 들은 바 하나님의 말씀을 받을 때에 사람의 말로 받지 아니하고 하나님의 말씀으로 받음이니 데살로니가 교회 성도들이 어떻게 성숙한 믿음에 이를 수 있었는지를 보여주는 대목이다. 이들은 바울에게 말씀을 배울 때 그것을 사람의 말로 받지 않고 하나님의 말씀으로 받았다. 그 결과 말씀이 그들의 삶에 깊이 자리 잡고 놀라운 역사로 나타났다.

14 유대에 있는 하나님의 교회들을 본받은 자 되었으니 그들이 유대인들에게 고난을 받음과 같이 너희도 너희 동족에게서 동일한 고난을 받았느니라 데살로니가 교회 성도들은 유대에 있는 교회의 모습을 본받아 따라가고 있었다. 유대에 있는 교회들은 그리스도를 구주로 영접한 것으로 인해 유대인으로부터 박해를 받고 있었다(행 4:1-4; 5:26; 8:1 참조). 바울은 이와 같이 데살로니가 교회 성도들도 그들의 동족에게 박해를 받게 될 것이라고 말한다.

15 유대인은 주 예수와 선지자들을 죽이고 우리를 쫓아내고 바울은 유대인들이 어떤 행동으로 예수님과 교회를 핍박했는지 구체적으로 언급한다. 유대인들은 선지자들을 죽였으며, 예수 그리스도를 십자가에 못 박았다. 그뿐만 아니라 최근까지 예수님을 전하는 바울의 무리도 핍박하며 그들의 지역으로부터 추방시켰다(행 17:10-13).

쉬운성경

10 또한 우리가 얼마나 흠 없이 거룩하고 바르게 살고자 했는지 알 것이며, 이에 대해 하나님께서도 증인이 되어 주실 것입니다.

11 여러분도 알다시피, 우리는 아버지가 자녀를 대하듯 여러분 한 사람 한 사람을 돌보아 주었습니다.

12 여러분을 높여 주고, 위로하며, 하나님을 위해 선한 삶을 살아가라고 가르쳤습니다. 왜냐하면 하나님께서는 여러분을 그분의 영광스러운 나라로 불러 주셨기 때문입니다.

13 하나님 앞에 또한 감사한 것은, 여러분이 우리가 전한 복음을 사람의 말로 생각하지 않고, 하나님의 말씀으로 받아들인 것입니다. 복음은 참으로 하나님의 말씀이며, 그 말씀을 믿는 여러분 안에서 힘 있게 살아 움직이고 있습니다.

14 형제들이여, 여러분은 유대에 있는 하나님의 교회와 비슷한 처지에 있습니다. 저들은 같은 동족인 유대인들에게 고난을 받았고, 여러분 역시 여러분의 동족에게 똑같은 핍박을 받았습니다.

15 유대인들은 주 예수님과 예언자들을 죽이고 우리들을 쫓아내며, 하나님을 기쁘시게 하지도 않고, 모든 사람의 원수가 되었습니다.

16 그들은 이방인들이 구원을 얻지 못하도록 우리가 이방인들에게 복음 전하는 것을 방해합니다. 그러나 이렇게 하는 것은 결국 그들의 죄만 더 크게 할 뿐입니다. 마침내 하나님의 진노가 그들에게 내렸습니다.

16 우리가 이방인에게 말하여 구원받게 함을 그들이 금하여 유대인들은 바울이 이방인들에게 복음을 전해 구원에 이르게 하는 기회를 차단했다. 이러한 행동으로 그들의 죄악은 더욱 커지고 곧 닥칠 하나님의 진노는 점점 더 가중되고 있었다.

저자의 묵상

참된 믿음은 고난을 두려워하거나 피하지 않는다. 오히려 맞서 싸워 승리한다. 이것을 가장 깊이 경험한 사람이 바로 바울이었다. 바울은 데살로니가 교회 성도들의 영적 아버지로서 그들이 하나님 앞에 합당한 삶을 살도록 권면하고 위로하며 경계했다. 그 결과 그들의 마음에 하나님의 말씀이 뿌리박히고, 그들의 삶에 하나님의 역사가 나타나기 시작했다. 바로 그때 바울은 그들이 곧 고난을 받게 될 것이라고 말했다. 바울은 데살로니가 교인들이 겪게 될 고난은 참된 성도들과 공동체들이 이미 겪은 것임을 상기시켰다.

우리는 자녀들과 우리가 맡고 있는 영혼들이 말씀 안에서 잘 성장하고 하나님의 놀라운 역사를 경험할 수 있도록 도와야 한다. 동시에 참된 그리스도인으로서 받게 될 여러 고난들에 대해 맞설 수 있도록 격려하고 구체적으로 준비시켜야 한다. 영적 준비 없는 고난은 신앙의 패배를 부른다. 그러나 영적 준비로 맞서는 고난은 신앙의 승리가 무엇인지 가르쳐 준다. 그러므로 우리 앞에 있는 고난과 맞설 준비를 지금부터 해야 한다.

> **무릎 기도** 하나님, 고난 앞에 두려워 떨거나 회피하지 않게 하소서. 영적 각성과 준비로 고난과 싸워 이겨 주님께서 준비하신 풍성한 승리의 기쁨을 누리게 하소서.

ESV - 1 Thessalonians 2

10 You are witnesses, and God also, how holy and righteous and blameless was our conduct toward you believers.
11 For you know how, like a father with his children,
12 we exhorted each one of you and encouraged you and charged you to walk in a manner worthy of God, who calls you into his own kingdom and glory.
13 And we also thank God constantly* for this, that when you received the word of God, which you heard from us, you accepted it not as the word of men* but as what it really is, the word of God, which is at work in you believers.
14 For you, brothers, became imitators of the churches of God in Christ Jesus that are in Judea. For you suffered the same things from your own countrymen as they did from the Jews,*
15 who killed both the Lord Jesus and the prophets, and drove us out, and displease God and oppose all mankind
16 by hindering us from speaking to the Gentiles that they might be saved—so as always to fill up the measure of their sins. But wrath has come upon them at last!*

* 2:13 Or *without ceasing*
* 2:13 The Greek word *anthropoi* can refer to both men and women
* 2:14 The Greek word *Ioudaioi* can refer to Jewish religious leaders, and others under their influence, who opposed the Christian faith in that time
* 2:16 Or *completely*, or *forever*

10 witness 증인 righteous 의로운 conduct 품행 12 exhort 열심히 권하다 13 constantly 항상 14 imitator 본받은 자 suffer 겪다 Jew 유대인 15 prophet 선지자 drive out 쫓아내다 oppose 반대하다 16 hinder 막다 gentile 이방인 fill up …을 가득 채우다 measure 한도 wrath 분노

20
월 일

우리가 쓸 빛나는 면류관

데살로니가전서 2:17-20 • 새찬송 213장 | 통일 348장

• 말씀묵상 전에 성령님의 인도하심을 구하는 기도를 드리십시오.

본문요약 | 고린도에 머물고 있는 바울은 자신이 떠나온 데살로니가 교회 성도들을 생각하며 그들에게 돌아갈 것을 간절히 원했다. 비록 그 길이 막혔으나 바울은 데살로니가 교회 성도들을 위해 기도하며, 그들이 자신의 소망이요 기쁨이며 자랑의 면류관이라고 말한다.

17 형제들아 우리가 잠시 너희를 떠난 것은 얼굴이요 마음은 아니니 너희 얼굴 보기를 열정으로 더욱 힘썼노라
18 그러므로 나 바울은 한 번 두 번 너희에게 가고자 하였으나 사탄이 우리를 막았도다
19 우리의 소망이나 기쁨이나 자랑의 면류관이 무엇이냐 그가 강림하실 때 우리 주 예수 앞에 너희가 아니냐
20 너희는 우리의 영광이요 기쁨이니라

1. 오늘 하나님께서 나에게 주신 깨달음은 무엇입니까?

2. 말씀을 어떻게 내 삶에 구체적으로 적용해야 합니까?

절별 해설

17 형제들아 우리가 잠시 너희를 떠난 것은 얼굴이요 마음은 아니니 '너희를 떠난 것'에 해당하는 헬라어의 문자적 뜻은 '너희로부터 떨어져 고아가 된 것'이다. 바울이 자신의 영적 자녀인 데살로니가 교회 성도들과 떨어지는 것이 얼마나 고통스러운 것이었는지를 잘 나타내는 표현이다. 바울과 그의 일행은 유대인의 시기와 소란 때문에 데살로니가 교회를 떠나야 했다(행 17:5-10). 어쩔 수 없는 상황에서 데살로니가 교회 성도들을 떠나야 했지만 바울의 마음은 항상 그들과 함께 있었다.

너희 얼굴 보기를 열정으로 더욱 힘썼노라 바울은 자신의 영적 자녀인 데살로니가 교회 성도들을 잊은 적이 없었다. 바울은 다시 그들을 만날 것을 간절히 바라고 있다.

18 그러므로 나 바울은 한 번 두 번 너희에게 가고자 하였으나 바울은 데살로니가 교회로 다시 돌아갈 수 있는 방법을 찾았다. 그것이 구체적으로 어떤 것이었는지는 알 수 없으나, 가능한 한 빨리 데살로니가로 가길 원했다. 그러나 안타깝게도 그것은 실현되지 않았다.

사탄이 우리를 막았도다 바울은 자신이 데살로니가 교회로 돌아가는 것을 막고 있는 것이 사탄이라고 말했다. 이것이 구체적으로 무엇을 언급하는지는 확실히 알 수 없다. 주변의 핍박 등의 여러 상황을 이용하는 사탄의 활동일 수도 있고, 바울의 병과 같은 개인적인 문제일 수도 있다(고후 12:7 참고).

19 우리의 소망이나 기쁨이나 자랑의 면류관이 무엇이냐 바울은 데살로니가 교회 성도들이 자신에게 너무도 소중한 존재인 것을 강조하기 위해 질문을 통해 자신의 생각을 강조한다. 바울의 수사학적 질문은 먼저 질문을 제기하고 이어서 그에 대해 자답을 하는 형식이다. 즉, 사람들이 가장 소중하게 생각하는 것들을 먼저 나열하고, 그것이 자신에게는 무엇인지 답하고자 하는 형식을 취한 것이다. 면류관은 고대 운동경기에서 승리한 사람을 높이기 위해 수여한 월계관을 말한다.

참고: 수사학적 질문은 단순히 독자들의 대답을 염두에 두고 사용하는 것이 아니라 필자의 의견이나 명제를 강조하기 위해 사용한다. 문장의 형식은 물음을 나타내나 답변을 요구하지 아니하고 강한 긍정 진술을 내포하고 있다.

그가 강림하실 때 우리 주 예수 앞에 너희가 아니냐 바울은 확신을 가지고 데살로니가 교인들이 예수님께서 재림하실 때 자신이 얻게 될 상급이라고 말한다. 운동경기를 마치고 자랑의 면류관을 받는 운동선수처럼, 바울은 예수님께서 재림하실 때 자신이 사역한 데살로니가 교회 성도들로 인해 영광의 면류관을 받게 될 것을 확신하고 있다. 바울은 자신에게 상급을 주실 예수님의 재림의 순간을 늘 생각하고 있다(고전 9:24-25; 갈 2:2). 이런 그의 마음은 반복되는 재림에 대한 언급으로 알 수 있다. 바울은 데살로니가전서에서만 예수님의 재림을 다섯 번 언급했다(1:10; 2:19; 3:13; 4:15; 5:23).

쉬운성경

17 형제들이여, 내가 잠시 여러분과 떨어져 있지만, 나는 항상 여러분을 생각합니다. 너무나 보고 싶고, 또 여러분이 있는 곳으로 가고도 싶습니다.

18 그래서 나 바울이 몇 번이나 가려고 했지만, 사탄의 방해로 갈 수가 없었습니다.

19 여러분은 우리의 소망이요, 기쁨이요, 면류관입니다. 우리 주 예수 그리스도께서 다시 오시는 그 날, 우리는 여러분을 자랑스러워할 것입니다.

20 진실로 여러분은 우리의 영광이며, 기쁨입니다.

20 너희는 우리의 영광이요 기쁨이니라 19절 질문에 대한 바울의 확답이다. 데살로니가 교회 성도들을 향한 바울의 마음이 분명하게 공표되었다. 현재 그들은 바울에게 기쁨이요, 재림 때 주님께 칭찬받게 될 영광이다.

저자의 묵상

바울은 우리가 인생의 마지막에 써야 할 빛나는 면류관이 있다고 말했다. 바울에게 그것은 자신이 눈물과 땀으로 섬겼던 데살로니가 교회의 성도들이었다. 그들은 바울에게 기쁨이요, 소망이며, 영광이었다. 본문은 우리 자신을 돌아보게 한다. 지금 우리의 기쁨, 소망, 영광은 무엇인가? 바울처럼 자신에게 맡겨진 영혼일까, 아니면 세상에서 추구하는 나의 계획과 꿈일까 생각하게 한다. 바울은 자신의 영적 자녀였던 데살로니가 교회 성도들과 함께하지 못하는 것을 가슴 아파했다. 우리 또한 자신에게 맡겨진 영혼들을 위해 최선을 다하다가, 더 함께하고 더 섬기지 못하는 것에 대해 아파할 수 있는 영적 부모의 마음을 가져야 한다. 힘들고 어렵고 눈물 나는 순간에도 우리의 기쁨과 소망을 품고 그들을 섬겨야 한다. 섬김을 위해 눈물과 땀을 흘렸던 자리에 영광의 꽃이 피어날 것이다. 그때 영혼을 구원하기 위해 기꺼이 십자가를 지셨던 예수님이 우리에게 빛나는 면류관을 씌워 주실 것이다.

> **무릎기도** 하나님, 바울처럼 영혼을 위해 때론 울고 아파하는 영적 부모의 마음을 주소서. 내게 주신 영혼이 나의 기쁨이요, 소명이며, 인생의 영광이 되게 하소서.

ESV - 1 Thessalonians 2

17 But since we were torn away from you, brothers, for a short time, in person not in heart, we endeavored the more eagerly and with great desire to see you face to face,
18 because we wanted to come to you—I, Paul, again and again—but Satan hindered us.
19 For what is our hope or joy or crown of boasting before our Lord Jesus at his coming? Is it not you?
20 For you are our glory and joy.

17 tear away (억지로) 떨어뜨리다 endeavor 힘쓰다 eagerly 간절히 desire 소망 face to face 대면하여 18 hinder 막다, 방해하다 19 boast 자랑하다

□ 묵상 체크

21
월   일

영혼을 향한 진통

데살로니가전서 3:1-6 • 새찬송 217장 | 통일 362장

• 말씀묵상 전에 성령님의 인도하심을 구하는 기도를 드리십시오.

> **본문요약 |** 바울은 자신이 환난 중에 있는 데살로니가 교회 성도들의 상황을 알지 못해 심적으로 큰 고통을 받았다고 다시 한번 언급한다. 바울은 상황을 정확히 파악하고 성도들을 격려하기 위해 디모데를 데살로니가 교회로 보냈다.

1 이러므로 우리가 참다 못하여 우리만 아덴에 머물기를 좋게 생각하고
2 우리 형제 곧 그리스도의 복음을 전하는 하나님의 일꾼인 디모데를 보내노니 이는 너희를 굳건하게 하고 너희 믿음에 대하여 위로함으로
3 아무도 이 여러 환난 중에 흔들리지 않게 하려 함이라 우리가 이것을 위하여 세움 받은 줄을 너희가 친히 알리라
4 우리가 너희와 함께 있을 때에 장차 받을 환난을 너희에게 미리 말하였는데 과연 그렇게 된 것을 너희가 아느니라
5 이러므로 나도 참다 못하여 너희 믿음을 알기 위하여 그를 보내었노니 이는 혹 시험하는 자가 너희를 시험하여 우리 수고를 헛되게 할까 함이니
6 지금은 디모데가 너희에게로부터 와서 너희 믿음과 사랑의 기쁜 소식을 우리에게 전하고 또 너희가 항상 우리를 잘 생각하여 우리가 너희를 간절히 보고자 함과 같이 너희도 우리를 간절히 보고자 한다 하니

1. 오늘 하나님께서 나에게 주신 깨달음은 무엇입니까?

2. 말씀을 어떻게 내 삶에 구체적으로 적용해야 합니까?

절별 해설

1 우리가 참다 못하여 바울은 데살로니가 교회 성도들과 떨어져 그들의 소식을 알지 못하는 상황을 참기 어려웠다. 이 심적 고통이 얼마나 큰지 바울은 두 번이나 동일한 표현을 사용했다(1, 5절).
우리만 아덴에 머물기를 바울과 실라는 그들이 데살로니가 교회를 방문할 때 발생될 수 있는 여러 문제들 때문에 아덴(아테네)에 머물렀다. 대신 누군가를 보내어 데살로니가 교회 성도들의 상황을 파악해야 하는 시점에 이르렀다.

2 디모데를 보내노니 이는 너희를 굳건하게 하고 너희 믿음에 대하여 위로함으로 바울은 데살로니가 교회 성도들의 상황을 파악하기 위해 자신의 가장 가까운 동역자 중 한 명인 디모데를 보냈다. 상황 파악과 더불어 바울은 디모데의 방문으로 데살로니가 교회 성도들이 위로를 받고 믿음 안에서 굳게 서기를 바라고 있었다.

3 아무도 이 여러 환난 중에 흔들리지 않게 하려 함이라 바울이 데살로니가 교회 성도들을 생각하며 노심초사한 이유는 그들이 겪고 있는 여러 환난 때문이었다. 바울은 데살로니가 교회 성도들이 믿음의 발걸음을 떼고 성장하려고 하는 순간에 그들이 맞닥뜨린 환난 때문에 좌절하거나 흔들리지 않기를 바랐다.

4 장차 받을 환난을 너희에게 미리 말하였는데 과연 그렇게 된 것을 너희가 아느니라 바울은 데살로니가 교회 성도들에게 환난은 믿음의 성장 과정에서 피할 수 없는 것임을 가르쳤다(참고. 행 14:22; 롬 8:17-18; 딤후 3:12). 그들의 영적 아버지로서 데살로니가 교회 성도들이 맞이하게 될 상황을 미리 알려 준 것이다. 바울의 예상대로 데살로니가 교회 성도들은 여러 환난에 직면했다.

5 나도 참다 못하여 너희 믿음을 알기 위하여 그를 보내었노니 본절에서 다시 한번 바울의 안타까운 심정이 드러난다. 바울은 자신이 예측한 대로 환난을 겪고 있는 데살로니가 교회 성도들의 믿음에 대해 염려하고 있었다. 그래서 디모데를 보내 그들의 현재 믿음이 어떠한지 확인하고자 했다. **시험하는 자** 앞에서 언급된 사탄을 말한다(2:18). 여기서 사탄이 시험하는 자로 불린 것은 성도에게 고난과 올가미를 통해 믿음을 넘어뜨리려는 끊임없는 사탄의 시도가 강조된 것이다(마 4:3; 고전 7:5; 약 1:12-18).

6 디모데가 너희에게로부터 와서 너희 믿음과 사랑의 기쁜 소식을 우리에게 전하고 디모데가 데살로니가 교회 성도들

쉬운성경

1 우리가 당장 가 볼 수는 없으나 그냥 기다리기에는 너무 힘이 들었습니다. 그래서 우리는 아테네에 있고,

2 디모데를 여러분에게 보내기로 결정했습니다. 형제 디모데는 우리를 도와 그리스도의 복음을 전하며, 하나님을 위해 우리와 함께 일하고 있습니다. 그가 여러분을 굳세게 하고, 믿음 안에서 여러분을 위로해 줄 것입니다.

3 우리가 그를 보낸 것은, 여러분 중에 그 어느 누구도 고난 때문에 믿음이 흔들리지 않게 하기 위함입니다. 여러분은 우리가 이러한 고난을 받아야 한다는 것을 잘 알고 있을 것입니다.

4 우리가 여러분과 함께 있을 때에, 우리 모두 언젠가는 고난을 받을 때가 있을 것이라고 말했던 것을 기억하실 것입니다. 지금 그 일이 우리에게 일어나고 있는 것뿐입니다.

5 그래서 더 이상 불안해하며 기다릴 수 없어 디모데를 여러분에게 보내 여러분의 믿음의 상태를 알아보았습니다. 그것은 혹시 사탄의 유혹에 넘어가 우리가 한 수고를 헛되게 만들지는 않았는지 걱정되었기 때문입니다.

6 그러나 방금 디모데가 돌아와 여러분의 믿음과 사랑에 대한 기쁜 소식을 전해 주었습니다. 디모데는 여러분이 언제나 우리를 좋게 생각하여, 우리가 여러분을 보고 싶어하는 만큼이나 여러분도 우리를 보고 싶어 한다고 말해 주었습니다.

을 방문한 후 바울에게 전해 준 소식은 참으로 기쁜 소식이었다. 그들의 믿음은 환난 속에서도 굳건히 서 있었고, 그들의 마음과 삶에는 여전히 사랑이 있었다. 데살로니가 교회 성도들은 바울이 그들을 보고 싶어 하는 것처럼 동일하게 바울을 간절히 보길 원했다.

저자의 묵상

오늘 본문에는 두 번씩이나 '참을 수 없는 것'으로 묘사된 바울의 마음의 진통이 등장한다. 그것은 바로 바울 자신이 가르치고 돌보았던 데살로니가 교회 성도들의 믿음 상태에 대한 깊은 관심과 그들에 대한 염려였다. 즉, 영혼을 향한 진통이었다. 지금 내 마음속에 있는 깊은 관심은 무엇이며, 내 마음을 사로잡고 있는 염려는 무엇인지 살펴보자. 나는 무엇을 위해 진통하고 있는지 돌아보자. 본문에 등장하는 바울의 영혼에 대한 마음을 오늘 우리가 배워야 한다. 우리가 맡고 있는 영혼에 대한 끊임없는 관심, 그들의 믿음이 넘어지지 않기를 바라는 영적 아비의 염려가 우리 마음에 있어야 한다. 그것이 바울처럼 참을 수 없을 정도로 커서 영혼의 진통으로 느껴진다면 얼마나 감사한 일인가? 자신이 사랑하는 디모데를 보냈던 바울처럼 우리의 시간, 재능, 물질, 관계를 영혼을 위해 사용할 수 있다면 얼마나 영광된 일일까? 이런 감동의 삶을 살기 위해 내 마음에 영혼을 향한 깊은 관심과 염려가 있기를 소망하자. 영혼을 향한 진통을 기꺼이 감수할 수 있는 성숙함을 가지자.

> **무릎 기도** 하나님, 시시한 것에 관심을 갖고 사소한 것에 염려하는 인생이 되지 않게 하소서. 힘들어도 영혼에 대한 깊은 관심과 염려가 내 삶의 중심이 되게 하소서.

ESV - 1 Thessalonians 3

1 Therefore when we could bear it no longer, we were willing to be left behind at Athens alone,
2 and we sent Timothy, our brother and God's coworker* in the gospel of Christ, to establish and exhort you in your faith,
3 that no one be moved by these afflictions. For you yourselves know that we are destined for this.
4 For when we were with you, we kept telling you beforehand that we were to suffer affliction, just as it has come to pass, and just as you know.
5 For this reason, when I could bear it no longer, I sent to learn about your faith, for fear that somehow the tempter had tempted you and our labor would be in vain.
6 But now that Timothy has come to us from you, and has brought us the good news of your faith and love and reported that you always remember us kindly and long to see us, as we long to see you?

*3:2 Some manuscripts *servant*

1 bear 참다 be willing to do 기꺼이 …하다 2 coworker 동역자 establish 세우다 exhort 권하다 3 affliction 고난 destined 예정된 4 beforehand 미리 come to pass 발생하다, 실현되다 5 tempt 유혹하다 6 long to do …하기를 갈망하다

22

월 일

반드시 올 기쁨의 날

데살로니가전서 3:7-13 • 새찬송 391장 | 통일 446장

• 말씀묵상 전에 성령님의 인도하심을 구하는 기도를 드리십시오.

본문요약 | 바울은 디모데에게서 데살로니가 교회 성도들에 대한 소식을 들은 후에 깊은 위로를 느끼며 하나님께 감사를 드린다. 바울은 데살로니가 교회 방문을 위해, 성도들 간의 사랑과 거룩한 삶을 위해 기도한다.

7 이러므로 형제들아 우리가 모든 궁핍과 환난 가운데서 너희 믿음으로 말미암아 너희에게 위로를 받았노라
8 그러므로 너희가 주 안에 굳게 선즉 우리가 이제는 살리라
9 우리가 우리 하나님 앞에서 너희로 말미암아 모든 기쁨으로 기뻐하니 너희를 위하여 능히 어떠한 감사로 하나님께 보답할까
10 주야로 심히 간구함은 너희 얼굴을 보고 너희 믿음이 부족한 것을 보충하게 하려 함이라
11 하나님 우리 아버지와 우리 주 예수는 우리 길을 너희에게로 갈 수 있게 하시오며
12 또 주께서 우리가 너희를 사랑함과 같이 너희도 피차간과 모든 사람에 대한 사랑이 더욱 많아 넘치게 하사
13 너희 마음을 굳건하게 하시고 우리 주 예수께서 그의 모든 성도와 함께 강림하실 때에 하나님 우리 아버지 앞에서 거룩함에 흠이 없게 하시기를 원하노라

1. 오늘 하나님께서 나에게 주신 깨달음은 무엇입니까?

2. 말씀을 어떻게 내 삶에 구체적으로 적용해야 합니까?

절별 해설

7 우리가 모든 궁핍과 환난 가운데서 데살로니가 교회를 떠나 고린도에 머물고 있는 바울과 그의 일행이 당시 겪고 있던 어려움을 보여준다. 바울 일행은 전도여행을 다니면서 물질적인 궁핍을 겪었을 뿐만 아니라 이교도들과 유대인들로부터 많은 환난을 당했다(고전 7:26; 고후 6:4-5; 11:23-27; 12:10). 그들은 굶주림과 추위에 떨었으며, 때로 갇히고 매를 맞으며 생명의 위협까지 받았다. 헬라어 원문에서 '궁핍'(헬, 아낭케)은 극심한 물질적 결핍을, '환난'(헬, 들립시스)은 중압감과 고뇌와 고통을 말한다.

너희 믿음으로 말미암아 너희에게 위로를 받았노라 바울과 그의 일행이 위로를 받은 것은 환경에서 온 것이 아니었다. 디모데를 통해 데살로니가 교회 성도들이 환난 중에도 믿음이 굳건하다는 사실을 확인한 후에 얻은 영적 위로였다(3:6).

8 너희가 주 안에 굳게 선즉 이 모습은 바울이 즐겨 쓴 군사적 용어로 적의 공격에도 굳건히 자리를 지키는 모습을 나타낸다(참고. 고전 16:13; 갈 5:1; 엡 6:11,13; 빌 1:27). 데살로니가 교회 성도들은 핍박 가운데서도 흔들리지 않고 견고하게 믿음을 지켰다.

우리가 이제는 살리라 바울이 마음의 염려와 고통 속에 있다가 안도의 한숨을 내쉬며 편안함을 느끼는 상태를 나타낸다.

9 너희로 말미암아 모든 기쁨으로 기뻐하니 … 어떠한 감사로 하나님께 보답할까 바울은 데살로니가 교회 성도들의 굳건한 믿음으로 위로를 받았을 뿐만 아니라 큰 기쁨을 느꼈다. 바울은 환난 가운데서도 성장하고 있는 데살로니가 교회 성도들로 인해 하나님께 깊은 감사를 드린다.

10 주야로 심히 간구함은 너희 얼굴을 보고 디모데로부터 기쁜 소식을 들은 바울은 자신의 영적 자녀인 데살로니가 교회 성도들을 다시 만날 수 있게 되기를 밤낮으로 간절히 기도한다.

너희 믿음이 부족한 것을 보충하게 하려 함이라 바울과 떨어져 있을 동안에도 데살로니가 교회 성도들은 믿음을 지켰다. 그것은 참으로 귀한 믿음과 인내의 열매였다. 그럼에도 불구하고 바울은 그들이 더 성장하기를 원했다. 그는 데살로니가 교회 성도들을 곧 다시 만나 그들이 장성한 분량의 믿음을 갖기 위해 채워야 할 것을 가르치고 훈련하기를 바랐다.

11 우리 길을 너희에게로 갈 수 있게 하시오며 바울은 데살로니가 교회를 다시 방문하는 것을 간절히 원했으나 그것이 쉽지 않음을 잘 알고 있었다. 그는 전에 사탄이 그 길을 막고 있다고까지 표현했다(2:18). 이 길을 열어 주실 분은 하나님과 예수님임을 잘 알고 있기에 바울은 겸손히 기도한다.

12 피차간과 모든 사람에 대한 사랑이 더욱 많아 넘치게 하사 바울은

쉬운성경

7 형제 여러분, 우리는 많은 어려움과 고난을 겪을 때, 여러분의 믿음으로 위로를 받았습니다.

8 여러분이 주님 안에서 굳건히 서 있기만 한다면, 그보다 더 큰 보람은 없습니다.

9 이 모든 것으로 인해 우리가 기뻐하고, 하나님 앞에 감사를 드립니다. 그러나 이 모든 기쁨과 감사를 어떻게 다 표현할 수 있겠습니까?

10 밤낮으로 여러분을 위하여 온 맘을 다해 하나님께 기도하고 있습니다. 여러분을 하루빨리 다시 만나 여러분의 믿음을 더 강건하게 세워 줄 수 있게 되기를 기도합니다.

11 아버지 하나님과 우리 주 예수님께서 우리가 여러분에게 갈 수 있는 길을 열어 주시기를 간절히 바랍니다.

12 주님께서 여러분의 사랑을 풍성하게 하고 넘치게 하셔서 우리가 여러분을 사랑하듯 서로 사랑하기를 기도합니다.

13 그리고 믿음 안에서 여러분의 마음이 강해지기를 기도합니다. 그러면 우리 주 예수님께서 주님의 거룩한 백성들과 함께 다시 오시는 날, 여러분은 아버지 하나님 앞에서 거룩하고 흠 없이 서게 될 것입니다.

자신이 데살로니가 교회 성도들을 진실하게 사랑한 것을 기초로 그들의 사랑의 삶을 위해 기도한다. 성도들은 먼저 서로 사랑하며, 범위를 넓혀 만나는 모든 사람을 사랑으로 품어야 한다.

13 우리 주 예수께서 … 강림하실 때에 하나님 우리 아버지 앞에서 거룩함에 흠이 없게 하시기를 원하노라 바울은 마지막으로 데살로니가 교회 성도들이 예수님의 재림의 날에 흠 없이 깨끗한 영혼으로 주님을 맞이할 수 있기를 기도한다.

저자의 묵상

하나님 앞에서 눈물과 인내의 시간을 보내고 만나게 되는 기쁨의 날이 있다. 데살로니가 교회 성도들의 소식을 들은 후 영혼을 향한 바울의 눈물은 위로가 되었고, 기나긴 인내는 깊은 감사가 되었다. 참으로 기쁜 날이 온 것이다. 영혼을 섬기는 길은 좁은 길이요, 가는 길에 여러 난관이 있을지라도 우리는 그 길을 통해 결국 주님이 예비하신 기쁨의 땅에 이를 것이다. 우리가 지금 기도하고 애쓰는 사람들이 누구인지 돌아보자. 우리의 가족, 가까운 친구, 사회에서 만나는 직장 동료들의 영혼을 생각하고 섬기는 것은 쉽지 않다. 그러나 포기하지 말아야 한다. 때론 외롭고 긴 인내가 필요할지라도, 바울처럼 언젠가 하나님께서 기쁨의 날을 주실 것을 소망하며 묵묵히 내 주위 사람들을 섬겨야 한다. 오늘 눈물로 씨를 뿌릴 때, 내일 주님의 손을 잡고 기쁨으로 믿음의 열매를 거둘 것이다. 오늘도 그 소망을 품고 내게 주신 영혼들을 위해 수고의 땀을 흘리자.

무릎기도 하나님, 내게 기쁨의 날을 주실 것을 믿으며 소망합니다. 오늘도 맡겨 주신 영혼들을 위해 신실하게 기도하며 섬기게 하소서.

ESV - 1 Thessalonians 3

7 for this reason, brothers,* in all our distress and affliction we have been comforted about you through your faith.

8 For now we live, if you are standing fast in the Lord.

9 For what thanksgiving can we return to God for you, for all the joy that we feel for your sake before our God,

10 as we pray most earnestly night and day that we may see you face to face and supply what is lacking in your faith?

11 Now may our God and Father himself, and our Lord Jesus, direct our way to you,

12 and may the Lord make you increase and abound in love for one another and for all, as we do for you,

13 so that he may establish your hearts blameless in holiness before our God and Father, at the coming of our Lord Jesus with all his saints.

*3:7 Or brothers and sisters

7 distress 고난 affliction 고통 comfort 위로하다   8 stand fast 굳건히 서다   9 for one's sake …을 위해서   10 earnestly 열심히 face to face 얼굴을 맞대고 supply 공급하다 lacking 부족한   12 abound in …이 풍부하다   13 establish 확증하다 blameless 죄가 없는 saint 성도

묵상 체크

23
월   일

하나님을 기쁘시게 하는 삶

데살로니가전서 4:1-12 • 새찬송 322장 | 통일 357장

• 말씀묵상 전에 성령님의 인도하심을 구하는 기도를 드리십시오.

본문요약 | 바울은 데살로니가 교회 성도들에게 하나님을 기쁘시게 할 수 있는 구체적인 삶이 무엇인지 가르쳤다. 성도들은 음란을 떠나 거룩함을 추구하고, 형제를 사랑하며, 조용하고 성실한 삶을 통해 하나님을 기쁘시게 해야 한다.

1 그러므로 형제들아 우리가 끝으로 주 예수 안에서 너희에게 구하고 권면하노니 너희가 마땅히 어떻게 행하며 하나님을 기쁘시게 할 수 있는지를 우리에게 배웠으니 곧 너희가 행하는 바라 더욱 많이 힘쓰라
2 우리가 주 예수로 말미암아 너희에게 무슨 명령으로 준 것을 너희가 아느니라
3 하나님의 뜻은 이것이니 너희의 거룩함이라 곧 음란을 버리고
4 각각 거룩함과 존귀함으로 ¹⁾자기의 아내 대할 줄을 알고
5 하나님을 모르는 이방인과 같이 색욕을 따르지 말고
6 이 일에 분수를 넘어서 형제를 해하지 말라 이는 우리가 너희에게 미리 말하고 증언한 것과 같이 이 모든 일에 주께서 신원하여 주심이라
7 하나님이 우리를 부르심은 부정하게 하심이 아니요 거룩하게 하심이니
8 그러므로 저버리는 자는 사람을 저버림이 아니요 너희에게 그의 성령을 주신 하나님을 저버림이니라
9 형제 사랑에 관하여는 너희에게 쓸 것이 없음은 너희들 자신이 하나님의 가르치심을 받아 서로 사랑함이라
10 너희가 온 마게도냐 모든 형제에 대하여 과연 이것을 행하도다 형제들아 권하노니 더욱 그렇게 행하고

11 또 너희에게 명한 것같이 조용히 자기 일을 하고 너희 손으로 일하기를 힘쓰라
12 이는 외인에 대하여 단정히 행하고 또한 아무 궁핍함이 없게 하려 함이라

1. 오늘 하나님께서 나에게 주신 깨달음은 무엇입니까?

2. 말씀을 어떻게 내 삶에 구체적으로 적용해야 합니까?

1) 헬, 자기 몸을 절제할 줄 알고

절별 해설

쉬운성경

1 그러므로 형제들아 우리가 끝으로 주 예수 안에서 너희에게 구하고 권면하노니 바울은 데살로니가 교회 성도들이 하나님을 기쁘시게 하기 위해 어떤 삶을 살아야 하는지 구체적으로 가르치기 시작한다.

3 하나님의 뜻은 이것이니 바울은 '하나님의 뜻'을 언급함으로써 앞으로 자신이 권면하는 교훈이 데살로니가 교회 성도들이 반드시 갖추어야 할 삶의 태도임을 강조한다.
너희의 거룩함이라 곧 음란을 버리고 그들이 먼저 갖추어야 할 삶의 태도는 음란을 버리고 거룩함을 추구하는 것이었다(엡 5:3; 벧전 1:15-22 참고). 음란에 해당하는 헬라어 단어는 부정한 성관계와 성적 행동을 뜻한다.

4 거룩함과 존귀함으로 자기의 아내 대할 줄을 알고 바울은 앞에서 언급한 음란을 버리는 것에 대해 구체적으로 언급했다. 그것은 먼저 자신의 아내를 거룩함과 존귀함으로 대하는 것이다.

5 이방인과 같이 색욕을 따르지 말고 음란을 버리고 거룩함을 추구하기 위해 제시된 두 번째 방법은 이방인과 같이 색욕을 따르지 않는 것이다(롬 1:24-27 참고). 색욕의 원어적 의미는 강한 성적인 감정과 욕구를 뜻한다.

6 이 일에 분수를 넘어서 형제를 해하지 말라 '해하다'의 원어적 뜻은 속여 빼앗는 것이나 착취하는 것을 말한다. 바울은 음란함을 버리지 못하고 색욕을 탐닉하면 결국 형제를 해하게 될 것이라 경고한다.
주께서 신원하여 주심이라 하나님께서는 이런 해를 당하는 자들의 신원자, 즉 판결하고 죄를 갚아 주시는 분이시다. 음란으로 형제를 해하는 것을 하나님께서는 간과하지 않으신다.

8 저버리는 자는 사람을 저버림이 아니요 너희에게 그의 성령을 주신 하나님을 저버림이니라 바울은 거룩을 버리고 음란과 색욕을 추구해 사람을 해하는 것이 얼마나 큰 죄인지를 다시 한번 강조한다. 하나님께서는 성도가 거룩한 삶을 살기를 바라신다. 그 거룩한 삶을 이루도록 성령을 통해 도우신다. 그럼에도 불구하고 진리에서 벗어나 악을 행하는 것은 하나님의 뜻을 저버리는 것이다.

9 형제 사랑에 관하여는 너희에게 쓸 것이 없음은 데살로니가 교회 성도들은 형제 사랑에 관해 다른 지역 성도들에게 모범이 되었다. 바울은 그들의 성숙한 사랑을 칭찬하면서 그들이 계속 그런 삶을 살아갈 것을 권면한다(10절).

---

1 형제 여러분, 이제 나는 여러분에게 몇 마디 더 부탁하려고 합니다. 우리는 여러분에게 하나님을 기쁘시게 하며 살아가도록 가르쳤습니다. 여러분이 우리에게 배운 대로 살고 있다는 것을 알지만, 주 예수님 안에서 다시 한번 부탁드립니다. 앞으로도 더욱 열심히 그렇게 살아가십시오.

2 여러분은 우리가 주 예수님의 이름으로 명령한 것을 잘 알고 있을 것입니다.

3 하나님께서는 여러분이 성적인 모든 죄를 피하고 거룩하고 순결하게 살기를 원하십니다.

4 자신의 몸을 거룩하고 존귀하게 사용하십시오.

5 육체의 정욕에 따라 여러분의 몸을 사용하지 마십시오. 그것은 하나님을 모르는 사람들이나 짓는 죄입니다.

6 이런 죄를 지어서 여러분의 형제를 속이거나 그에게 해를 입히지 않도록 하십시오. 우리 주님은 그런 사람을 반드시 벌하십니다. 이 부분에 대해서는 예전에도 여러분에게 경고하였습니다.

7 하나님께서는 거룩하게 살아가도록 우리를 불러 주셨으며, 우리가 죄 가운데 사는 것을 원하지 않으십니다.

8 그러므로 이 가르침에 따라 살기를 거부하는 것은 사람의 명령을 거스르는 것이 아니라 우리에게 성령을 주신 하나님의 명령을 거스르는 것입니다.

9 형제자매를 사랑하는 것에 대해서는 쓸 말이 없습니다. 왜냐하면 하나님께서 이미 여러분에게 서로 사랑하라고 가르쳐 주셨으며,

10 여러분이 마케도니아에 있는 모든 사람들을 사랑으로 잘 감싸고 있다는 것을 알고 있기 때문입니다. 앞으로도 더욱 힘써 사랑을 베푸십시오.

절별 해설

11 조용히 자기 일을 하고 바울은 세상 속에서 성도들이 절제되고 조용한 삶을 살아야 한다고 권면한다. 즉 영적 중심을 잡고 어떤 상황 가운데서도 평정심을 잃지 않으며, 자신에게 맡겨진 삶을 묵묵히 살아야 하는 것이다.
너희 손으로 일하기를 힘쓰라 로마 당시의 문화는 육체노동을 경시하는 경향이 있었다. 그러나 바울은 수고하며 땀 흘려 일하는 것이 귀한 것임을 강조한다.

12 이는 외인에 대하여 단정히 행하고 바울은 성도들이 성실과 묵묵함으로 일하는 것이 믿지 않는 자들에게 단정한, 즉 적절한 행동으로 보일 것이라고 말한다. 성도들은 믿지 않는 자들에게 신앙생활은 물론 일상적인 생활에서도 모범을 보여야 한다(마 5:16).
아무 궁핍함이 없게 하려 함이라 또 이런 삶은 성도들이 다른 사람에게 경제적으로 의지하거나 궁핍함에 빠지지 않도록 한다.

> **11** 평안한 삶을 위해 최선을 다하십시오. 전에도 말했듯이 여러분 각자의 일을 돌아보고 자신의 일에도 정성을 다하기 바랍니다.
>
> **12** 이렇게 할 때 믿지 않는 사람들이 여러분을 존경하게 되고, 여러분 자신도 부족함이 없게 될 것입니다.

저자의 묵상

미숙한 신앙인은 하나님을 근심하게 하나 성숙한 신앙인은 하나님을 기쁘시게 한다. 바울은 데살로니가 교회 성도들에게 구체적인 삶으로 어떻게 하나님을 기쁘시게 하는지 가르쳤다. 그것은 거룩함, 사랑, 조용하고 성실한 삶이었다. 우리의 성숙한 믿음은 구체적인 삶으로 표현되어야 한다. 성숙한 성도의 삶을 볼 때 하나님은 기뻐하신다. 바울의 가르침대로 우리의 삶은 정결해야 한다. 그것은 우리 삶에 깊숙이 자리 잡고 있는 음란을 버리는 것이다. 인생의 동반자로 주신 아내[남편]를 귀하게 여기며 섬겨야 한다. 우리의 거룩함은 가족에서 시작되고 가족 사랑으로 표현된다. 또한 우리는 형제를 사랑해야 한다. 우리의 형제 사랑이 다른 사람들에게 아름다운 향기가 되어야 한다. 더불어 우리에게는 조용하고 성실한 삶이 필요하다. 세상의 소란 속에서 영적 고요함을 유지하고 하나님만을 바라보며 우리에게 맡겨진 일터에서 정직히 땀 흘려 일해야 한다. 우리의 삶이 하나님의 기쁨이 되는 것을 소망하며 오늘도 신실하게 살아가자.

> **무릎기도** 하나님, 우리에게 귀중한 하루를 주셔서 감사드립니다. 우리의 거룩과 사랑과 성실의 삶이 당신의 기쁨이 되게 하소서.

ESV - 1 Thessalonians 4

1 Finally, then, brothers,* we ask and urge you in the Lord Jesus, that as you received from us how you ought to walk and to please God, just as you are doing, that you do so more and more.
2 For you know what instructions we gave you through the Lord Jesus.
3 For this is the will of God, your sanctification:* that you abstain from sexual immorality;
4 that each one of you know how to control his own body* in holiness and honor,
5 not in the passion of lust like the Gentiles who do not know God;
6 that no one transgress and wrong his brother in this matter, because the Lord is an avenger in all these things, as we told you beforehand and solemnly warned you.
7 For God has not called us for impurity, but in holiness.
8 Therefore whoever disregards this, disregards not man but God, who gives his Holy Spirit to you.
9 Now concerning brotherly love you have no need for anyone to write to you, for you yourselves have been taught by God to love one another,
10 for that indeed is what you are doing to all the brothers throughout Macedonia. But we urge you, brothers, to do this more and more,
11 and to aspire to live quietly, and to mind your own affairs, and to work with your hands, as we instructed you,
12 so that you may walk properly before outsiders and be dependent on no one.

* 4:1 Or *brothers and sisters*; also verses 10, 13
* 4:3 Or *your holiness*
* 4:4 Or *how to take a wife for himself*; Greek *how to possess his own vessel*

1 urge 권면하다   2 instruction 지시   3 sanctification 성별 abstain from …을 삼가다 immorality 부도덕   5 lust 정욕 gentile 이방인   6 transgress 죄를 범하다 wrong 학대하다 avenger 보복자 solemnly 엄숙하게   7 impurity 불결   8 disregard 저버리다   11 aspire 열망하다 mind 주의하다 affair 일   12 outsider 이단자 be dependent on …에 의존하다

• MEMO •

□ 묵상 체크

24
월   일

재림 신앙, 부활 소망

데살로니가전서 4:13-18 • 새찬송 161장 | 통일 159장

• 말씀묵상 전에 성령님의 인도하심을 구하는 기도를 드리십시오.

> **본문요약** | 바울은 데살로니가 교회 성도들에게 참된 소망과 위로가 될 주님의 재림과 성도의 부활에 대해서 가르쳤다. 주님의 재림 때 그리스도 안에서 죽은 자들이 먼저 부활하고 그 후에 살아남은 자들이 변화되어 주님을 만날 것이다.

13 형제들아 자는 자들에 관하여는 너희가 알지 못함을 우리가 원하지 아니하노니 이는 소망 없는 다른 이와 같이 슬퍼하지 않게 하려 함이라
14 우리가 예수께서 죽으셨다가 다시 살아나심을 믿을진대 이와 같이 ¹⁾예수 안에서 자는 자들도 하나님이 그와 함께 데리고 오시리라
15 우리가 주의 말씀으로 너희에게 이것을 말하노니 주께서 강림하실 때까지 우리 살아남아 있는 자도 자는 자보다 결코 앞서지 못하리라
16 주께서 호령과 천사장의 소리와 하나님의 나팔 소리로 친히 하늘로부터 강림하시리니 그리스도 안에서 죽은 자들이 먼저 일어나고
17 그 후에 우리 살아남은 자들도 그들과 함께 구름 속으로 끌어올려 공중에서 주를 영접하게 하시리니 그리하여 우리가 항상 주와 함께 있으리라
18 그러므로 이러한 말로 서로 위로하라

1. 오늘 하나님께서 나에게 주신 깨달음은 무엇입니까?

2. 말씀을 어떻게 내 삶에 구체적으로 적용해야 합니까?

1) 또는 자는 자들을 예수로 말미암아

절별 해설

13 자는 자들에 관하여는 너희가 알지 못함을 우리가 원하지 아니하노니 '자는 자들'은 죽은 자들을 말한다. 바울은 인간의 죽음을 종종 잠으로 비유했다(고전 11:30; 15:6,20,51; 벧후 3:4 참고). 데살로니가 교회는 죽음을 맞이한 성도들이 어떻게 되는지 정확히 알지 못한 상태였기 때문에, 바울은 이것에 대해 가르치길 바랐다.

이는 소망 없는 다른 이와 같이 슬퍼하지 않게 하려 함이라 바울은 주님의 재림과 죽은 자의 부활이 있기 때문에 성도들이 죽음 앞에서도 소망을 가져야 함을 강조한다.

14 예수 안에서 자는 자들도 다시 한번 죽음이 잠으로 비유된다. 이것이 이번에는 '예수 안에서 자는 자들'로 표현되었다(고전 15:18 참고). 잠으로 비유된 죽음은 영혼이 아닌 몸의 죽음을 말한다. 복음서에서 예수님은 야이로의 딸과 나사로의 죽음을 잠으로 표현하셨다(마 9:24; 요 11:11). 사도행전도 순교한 스데반의 모습을 잠들었다고 표현했다(행 7:60).

하나님이 그와 함께 데리고 오시리라 바울의 확신은 쉽고 명확하며 강력하다. 하나님께서 예수님을 부활시키셨듯이 예수님을 믿고 죽은 모든 자들도 하나님께서 부활시키실 것이다(고전 6:14; 15:20-23,51-54 참고).

15 주께서 강림하실 때까지 우리 살아남아 있는 자도 자는 자보다 결코 앞서지 못하리라 '살아남아 있는 자'는 주님의 재림 때 살아서 그것을 직접 눈으로 볼 성도들을 말한다. 바울과 초대교회 성도들은 주님의 재림이 임박했다고 믿었고, 그 결과 살아서 그것을 볼 사람들이 있을 것이라 말한 것이다(롬 13:11 참고). 바울에 따르면 주님의 재림 때 죽은 자들이 먼저 일어날 것이고, 살아 있는 사람들이 그 뒤를 따를 것이다(16절).

16 주께서 호령과 천사장의 소리와 하나님의 나팔 소리로 친히 하늘로부터 강림하시리니 주님은 호령과 천사장의 소리와 하나님의 나팔 소리가 울려 퍼질 때 하늘로부터 재림하실 것이다(고전 15:51-52 참고). 그때 죽은 자들의 부활이 먼저 있을 것이다.

17 그 후에 우리 살아남은 자들도 그들과 함께 구름 속으로 끌어 올려 공중에서 주를 영접하게 하시리니 죽은 자의 부활 후 살아 있는 자들이 변화되어 재림의 주님을 만나게 될 것이다(고전 15:52 참고).

18 이러한 말로 서로 위로하라 바울은 주님의 재림과 부활의 믿음이 성도들에게 참된 소망이 됨을 확신하고 있었다. 바울은 고난 중에 있는 데살로니가 교회 성도들에게 재림 신앙과 부활 신앙을 굳게 붙잡고 서로 위로하라고 권면한다.

쉬운성경

13 형제 여러분, 나는 여러분이 죽은 자들에 관해서 아무것도 모르는 것을 원하지 않습니다. 그것은 여러분이 아무 소망이 없는 사람들처럼 슬퍼하게 되는 것을 바라지 않기 때문입니다.

14 우리는 주님께서 죽으셨다가 다시 살아나신 것을 믿고 있습니다. 그러므로 하나님께서는 예수님을 믿다가 죽은 자들도 예수님과 함께 분명히 살리실 것입니다.

15 우리는 지금 주님께서 하신 말씀을 하고 있습니다. 주님께서 오시는 날, 살아 있는 자들은 주님과 함께 있게 될 것입니다. 그러나 결단코 그날에 살아 있는 자들이 이미 죽은 자들보다 주님을 먼저 만나지는 못할 것입니다.

16 그날에 주님은 하늘로부터 내려오셔서, 천사장의 소리와 하나님의 나팔 소리가 울리는 가운데 큰 소리로 호령하실 것입니다. 그때 그리스도를 믿다가 죽은 자들이 먼저 일어나고

17 그 후에 살아 있던 자들도 그들과 함께 구름 속으로 끌어올려져 하늘에서 주님을 만나게 될 것입니다.

18 그러므로 여러분은 이런 말로 서로 위로하십시오.

저자의 묵상

바울은 죽음 이후의 삶에 대해 잘 알지 못했던 데살로니가 교회 성도들에게 주님의 재림과 그 이후에 일어날 부활에 대해 가르쳤다. 주님의 재림과 성도의 부활은 신앙의 핵심이요, 그들에게 참된 소망과 위로가 되기 때문이었다. 우리는 매일 쫓기듯이 살아가면서 주님의 재림에 대해 잊고 살 때가 많다. 오실 주님을 바라보지 않으니 오늘의 현실만 바라보고 살게 된다. 현실만 바라보니 두려움 속에 빠진다. 그러나 다시 오실 주님을 바라보면 고난 중에도 소망을 품게 된다. 주님을 기다리는 재림 신앙과 더불어 우리가 가져야 할 것은 부활에 대한 소망이다. 죽음은 하나님 앞에서 잠에 불과하다. 주님이 다시 오실 때, 우리는 잠을 깨고 일어나는 사람처럼 죽음을 이기고 부활할 것이다. 우리는 믿음으로 이 부활의 축복에 참여한다. 고난의 상황 속에서도, 병든 몸으로 고통하고 있을지라도 소망을 가지고 믿음을 지켜야 하는 이유가 바로 이 때문이다. 주님 오실 날이 가까워지고 있다. 부활의 소망을 가지고 오늘도 믿음의 길을 걸어가자.

무릎기도 | 하나님, 어떠한 고난과 역경 속에서도 재림 신앙과 부활의 소망으로 믿음을 지키게 하소서. 주님의 재림 때 부활하여 주님과 영원히 거하는 축복을 누리게 하소서.

ESV - 1 Thessalonians 4

13 But we do not want you to be uninformed, brothers, about those who are asleep, that you may not grieve as others do who have no hope.
14 For since we believe that Jesus died and rose again, even so, through Jesus, God will bring with him those who have fallen asleep.
15 For this we declare to you by a word from the Lord,* that we who are alive, who are left until the coming of the Lord, will not precede those who have fallen asleep.
16 For the Lord himself will descend from heaven with a cry of command, with the voice of an archangel, and with the sound of the trumpet of God. And the dead in Christ will rise first.
17 Then we who are alive, who are left, will be caught up together with them in the clouds to meet the Lord in the air, and so we will always be with the Lord.
18 Therefore encourage one another with these words.

*4:15 Or by the word of the Lord

13 uninformed 지식이 없는 grieve 몹시 슬퍼하다   14 fall asleep 잠들다   15 declare 말하다   precede 앞서다   16 descend 내려가다   command 명령하다   archangel 천사장   18 encourage 위로하다

묵상 체크 ☐

25
월   일

재림의 때에 깨어 있으라

데살로니가전서 5:1-8 • 새찬송 105장 | 통일 105장

• 말씀묵상 전에 성령님의 인도하심을 구하는 기도를 드리십시오.

> **본문요약** ㅣ 바울은 데살로니가 교회 성도들에게 주의 재림이 언제일지 궁금해 하기보다 그때를 준비하라고 가르쳤다. 주님의 때는 밤에 도둑같이 은밀하게, 해산의 고통처럼 갑작스럽게 찾아올 것이다. 그러므로 성도들은 영적으로 깨어 빛의 삶을 살아야 한다.

1 형제들아 때와 시기에 관하여는 너희에게 쓸 것이 없음은
2 주의 날이 밤에 도둑같이 이를 줄을 너희 자신이 자세히 알기 때문이라
3 그들이 평안하다, 안전하다 할 그때에 임신한 여자에게 해산의 고통이 이름과 같이 멸망이 갑자기 그들에게 이르리니 결코 피하지 못하리라
4 형제들아 너희는 어둠에 있지 아니하매 그날이 도둑같이 너희에게 임하지 못하리니
5 너희는 다 빛의 아들이요 낮의 아들이라 우리가 밤이나 어둠에 속하지 아니하나니
6 그러므로 우리는 다른 이들과 같이 자지 말고 오직 깨어 정신을 차릴지라
7 자는 자들은 밤에 자고 취하는 자들은 밤에 취하되
8 우리는 낮에 속하였으니 정신을 차리고 믿음과 사랑의 호심경을 붙이고 구원의 소망의 투구를 쓰자

1. 오늘 하나님께서 나에게 주신 깨달음은 무엇입니까?

2. 말씀을 어떻게 내 삶에 구체적으로 적용해야 합니까?

절별 해설

1 때와 시기에 관하여는 너희에게 쓸 것이 없음은 앞에서 바울은 데살로니가 교회 성도들에게 재림과 부활에 대해 가르쳤다(4:13-17). 이제 바울은 재림의 때와 시기에 대해 언급한다. 그러나 정확한 때와 시기는 누구도 알지 못한다(행 1:7).

2 주의 날이 밤에 도둑같이 이를 줄을 '주의 날'은 구약에 자주 등장하는 심판의 날로 '여호와의 날'로 불린다. 구약에서는 주로 이스라엘의 적들을 심판하는 날이다. 본문에서는 예수님의 재림의 날을 말한다(사 13:9; 애 2:1-2; 욜 1:15; 암 5:18; 말 4:5 참고). 예수님의 재림 때 악인은 심판을 받을 것이요, 부활한 성도들은 승리와 영생을 누릴 것이다. 그날은 밤에 은밀히 움직이는 도둑같이 올 것이다. 아무런 경고 없이 누구도 예상치 못할 때 주님은 재림하실 것이다(마 24:43-44; 벧후 3:10; 계 3:3 참고).

3 그들이 평안하다, 안전하다 할 그때에 그들은 그리스도를 믿지 않는 불신자를 말한다.
임신한 여자에게 해산의 고통이 이름과 같이 주님의 날이 해산의 고통으로 비유된 것은 재림의 필연성, 불예측성, 급박성을 나타낸다. 임신한 여자에게 갑자기 해산이 고통이 찾아오듯이 주님의 재림도 급작스럽게 이루어질 것이다.

4 형제들아 너희는 어둠에 있지 아니하매 어둠은 죄악에 빠진 상태, 죄로 죽어 가는 상태를 말한다. 예수님을 믿는 자는 이 어둠에서 나와 빛에 속하게 된다(요 8:12; 12:46; 요일 1:5-7 참조).

5 너희는 다 빛의 아들이요 낮의 아들이라 바울은 예수님을 믿고 빛에 속한 성도들을 '빛의 아들'과 '낮의 아들'로 지칭한다. 이렇게 성도는 빛과 낮의 아들이기에 어둠의 삶을 멀리하고 빛의 자녀처럼 행해야 한다(엡 5:8).

6 다른 이들과 같이 자지 말고 오직 깨어 정신을 차릴지라 빛과 낮에 속한 성도는 영적으로 깨어 있어야 한다. 깨어 있을 뿐만 아니라 정신을 차려 마귀와 싸우며 사명을 완수할 준비를 갖추어야 한다.

8 믿음과 사랑의 호심경을 붙이고 구원의 소망의 투구를 쓰자 다시 한번 바울이 즐겨 썼던 믿음, 소망, 사랑의 세 요소가 등장한다(1:3; 고전 13:13; 골 1:4-5 등). 이 구절에서 바울은 이 요소를 영적 싸움의 도구와 연결시켰다.
믿음과 사랑의 호심경 호심경은 심장을 보호하는 장치다. 로마의 호심경은 가죽, 청동, 쇠사슬 등으로 만들어졌다. 호심경으로 상반신을 가리지 않은 상태에서 전쟁에 나가는 것은 곧 죽음에 노출되는 것이었다. 바울에 따르면 믿음과 사랑은 성도의 신앙생활을 지키는 가장 중요한 요소다.
구원의 소망의 투구 로마 병사의 투구는 보통 청동이나 철로 만들어져 적의 투석, 화살, 칼 공격으로부터 머리를 보호해 주었다.

쉬운성경

1 형제 여러분, 정확한 때와 시간에 대해서는 말할 수 없습니다.

2 왜냐하면 주님이 오시는 그날은 한밤중의 도적같이 임할 것이기 때문입니다.

3 사람들이 "모든 것이 평안하고 안전하다"고 말할 그때에, 재난이 갑자기 닥칠 것입니다. 그것은 마치 아기를 낳을 여인이 갑작스럽게 진통을 맞이하는 것과 같아서 아무도 피할 수가 없습니다.

4 그러나 여러분은 어둠 가운데 있지 않기 때문에 여러분에게는 그날이 도적같이 갑자기 찾아오지 않을 것입니다.

5 여러분은 빛의 아들들이며 낮에 속한 사람들입니다. 우리는 결코 어둠과 밤에 속한 사람들이 아닙니다.

6 그러므로 다른 사람들처럼 잠들지 말고, 깨어서 정신을 차려야 합니다.

7 잠자는 사람들은 밤에 자고, 술 마시는 사람들도 밤에 마시고 취합니다.

8 그러나 우리는 낮에 속한 사람들이니 정신을 똑바로 차리고, 믿음과 사랑의 갑옷을 입고, 구원에 대한 소망의 투구를 씁시다.

영적 전투에서 사탄이 의심과 회의를 사용해 우리의 머리, 즉 생각을 공격할 때 필요한 것이 바로 구원의 소망의 투구다(엡 6:17 참고). 이것은 그리스도께서 나를 구원하셨고, 이 구원이 절대 취소되지 않는다는 단단한 소망과 확신을 갖는 것이다. 이 투구를 쓰면 성도는 사탄의 그 어떤 의심과 회의의 공격에도 흔들리지 않는다.

저자의 묵상

예수님의 재림의 때와 관련된 잘못된 두 가지 모습이 있다. 하나는 재림이 아주 먼 일이라고 생각하고 안일한 삶을 사는 것이다. 또 하나는 재림의 때가 언제인지 과도한 관심을 갖고 불안해하는 것이다. 바울은 데살로니가 교회 성도들과 우리에게 '예수님의 재림의 때와 시기'는 너희에게 쓸 것이 없다고 말했다. 정확히 말하면 주님이 언제 오시는지는 아무도 알 수 없다. 그러나 확실한 것은 주님은 분명히 다시 오시고, 그때가 가까이 왔다는 것이다. 그렇다면 성도가 해야 할 것은 이 재림의 때를 준비하는 것이다. 먼저 어둠 속에서 나와 영적으로 깨어 있어야 한다. 나를 묶고 있던 과거의 죄와 어둠의 삶을 정리해야 한다. 호심경으로 심장을 보호했던 로마 병사처럼 매일의 영적 싸움에서 믿음과 소망으로 우리의 신앙의 중심을 보호해야 한다. 또한 구원의 소망의 투구로 사탄의 의심과 회의의 공격을 막아 내야 한다. 오늘도 하나님이 내게 무엇을 원하시는지 분별하고, 그것을 성실히 이루어 가는 빛의 삶을 살자.

> **무릎기도** 하나님, 재림의 때가 언제인지 궁금해하기보다는 매일 빛의 삶을 살아 부끄럽지 않은 모습으로 주님을 맞이하게 하소서.

ESV - 1 Thessalonians 5

1 Now concerning the times and the seasons, brothers,* you have no need to have anything written to you.
2 For you yourselves are fully aware that the day of the Lord will come like a thief in the night.
3 While people are saying, "There is peace and security," then sudden destruction will come upon them as labor pains come upon a pregnant woman, and they will not escape.
4 But you are not in darkness, brothers, for that day to surprise you like a thief.
5 For you are all children* of light, children of the day. We are not of the night or of the darkness.
6 So then let us not sleep, as others do, but let us keep awake and be sober.
7 For those who sleep, sleep at night, and those who get drunk, are drunk at night.
8 But since we belong to the day, let us be sober, having put on the breastplate of faith and love, and for a helmet the hope of salvation.

* 5:1 Or *brothers and sisters*; also verses 4, 12, 14, 25, 26, 27
* 5:5 Or *sons*; twice in this verse

2 aware 알고 있는　thief 도둑　3 labor pains 산고　pregnant 임신한　escape 피하다　6 keep awake 자지 않고 있다　sober 맑은 정신가　8 breastplate (갑옷의) 가슴받이　salvation 구원

☐ 묵상 체크

26
월 일

지도자를 존경하고 서로 섬기는 삶

데살로니가전서 5:9-15 • 새찬송 291장 | 통일 413장

• 말씀묵상 전에 성령님의 인도하심을 구하는 기도를 드리십시오.

본문요약 ㅣ 바울은 주님의 재림을 기다리면서 데살로니가 교회 성도들이 서로 간의 관계에서 반드시 지켜야 할 신앙적 의무를 가르쳤다. 위로는 지도자[목회자]를 존경하고 사랑해야 하며, 수평적인 관계에서는 화목과 격려 및 오래 참는 자세를 가져야 한다.

9 하나님이 우리를 세우심은 노하심에 이르게 하심이 아니요 오직 우리 주 예수 그리스도로 말미암아 구원을 받게 하심이라
10 예수께서 우리를 위하여 죽으사 우리로 하여금 깨어 있든지 자든지 자기와 함께 살게 하려 하셨느니라
11 그러므로 피차 권면하고 서로 덕을 세우기를 너희가 하는 것같이 하라
12 형제들아 우리가 너희에게 구하노니 너희 가운데서 수고하고 주 안에서 너희를 다스리며 권하는 자들을 너희가 알고
13 그들의 역사로 말미암아 사랑 안에서 가장 귀히 여기며 너희끼리 화목하라
14 또 형제들아 너희를 권면하노니 게으른 자들을 권계하며 마음이 약한 자들을 격려하고 힘이 없는 자들을 붙들어 주며 모든 사람에게 오래 참으라
15 삼가 누가 누구에게든지 악으로 악을 갚지 말게 하고 서로 대하든지 모든 사람을 대하든지 항상 선을 따르라

1. 오늘 하나님께서 나에게 주신 깨달음은 무엇입니까?

2. 말씀을 어떻게 내 삶에 구체적으로 적용해야 합니까?

절별 해설

9 하나님이 우리를 세우심은 노하심에 이르게 하심이 아니요 하나님의 '세우심'은 한 영혼을 불러 구원받은 백성 삼아 주심을 말한다. '노하심'은 죄에 대한 하나님의 심판을 뜻한다(롬 5:9 참조). 바울은 하나님께서 성도를 부르신 뜻이 진노가 아닌 구원에 이르게 하기 위함임을 상기시켰다.

10 예수께서 우리를 위하여 죽으사 바울은 앞절에서 언급된 구원과 본절에서 언급되는 부활이 어떻게 가능하게 되었는지 설명한다. 그것은 예수님의 대속적 죽음을 통해서였다.
우리로 하여금 깨어 있든지 자든지 앞의 4장 13-15절 내용을 근거로 '깨어 있는 것'은 살아 있는 성도를, '자는 것'은 죽은 성도를 말한다. 즉 성도가 '살았든지 죽었든지'의 뜻이다.
자기와 함께 살게 하려 하셨느니라 예수님의 대속적 죽음으로 영생을 얻게 하심을 말한다. 앞에서 이미 바울이 언급했던 것처럼, 예수님의 재림 때 이미 죽은 성도와 살아 있는 성도 모두가 부활하고 변화되어 주님과 함께 영원히 천국에 거할 것이다(4:17).

11 그러므로 피차 권면하고 '권면하라'의 원어적 의미는 본문의 문맥을 고려할 때 '위로하라'는 뜻이다.
서로 덕을 세우기를 서로의 신앙 성장을 위해 돕고 노력하라는 뜻이다.

12 너희 가운데서 수고하고 주 안에서 너희를 다스리며 권하는 자들 '수고하고, 다스리고, 권하는 자들'은 교회 안의 지도자, 즉 오늘날의 목회자를 말한다(행 11:30; 14:23; 딛 1:5). **수고하고** 이들은 성도의 신앙을 견고히 세우기 위해 수고해야 한다. **다스리며** 또한 교회의 질서를 유지하고 바로잡기 위해 치리해야 한다. **권하는 자** 그뿐만 아니라 성도의 삶이 영적으로 도덕적으로 바로 서도록 끊임없이 가르치며 교훈해야 한다. 목회자들은 이 세 가지 직무를 성실히 행하며 성도를 목양하고 교회를 굳건히 세워야 한다.
너희가 알고 단순히 이름이나 얼굴을 알라는 것이 아니다. 지도자[목회자]에게 감사하고 그들을 존경하라는 뜻이다.

13 그들의 역사로 말미암아 지도자들의 역사, 즉 사역은 성도들을 위한 봉사와 가르침을 말한다.
사랑 안에서 가장 귀히 여기며 다시 바울은 데살로니가 교회 성도들에게 주의 일을 하며 애쓰는 지도자들을 사랑 안에서 가장 귀히 여기라고 강조했다. 바울이 교회와 성도를 위해 애쓰는 지도자들을 얼마나 중요하게 생각하는지를 보여주는 대목이다.

14 또 형제들아 너희를 권면하노니 바울은 성도들이 지도자를 어떻게 대해야 하는지 가르친 후 성도 상호 간에 어떻게 행동해야 하는지 교훈한다. 바울은 성도들 간에 서로 지켜야 할 의무로 크

쉬운성경

9 하나님께서는 우리를 벌하기 위해 택하신 것이 아니라, 우리 주 예수 그리스도를 통해 구원을 얻도록 하기 위해 부르셨습니다.

10 그리스도께서는 우리를 위해 죽으셔서, 우리가 살든지 죽든지 상관없이 그분과 함께 살 수 있게 해 주셨습니다.

11 그러므로 지금처럼 서로를 위로하고 격려하며 서로에게 힘이 되어 주십시오.

12 형제 여러분, 여러분 가운데 수고하고 주님의 말씀을 가르치며 지도하는 분들을 존경하십시오.

13 여러분을 위해 일하는 그들을 각별한 사랑으로 대해 주십시오. 서로 화목하게 지내기 바랍니다.

14 게으른 자들을 훈계하고, 마음이 약한 자들을 격려해 주십시오. 힘이 없는 자들을 도우며, 모든 사람을 인내로 대하십시오.

15 악으로 악을 갚지 말고, 서로 모든 사람에게 선을 베풀도록 힘쓰십시오.

게 네 가지를 제시한다. 첫째, 자신의 손으로 일은 하지 않고 다른 사람에게 신세를 지며 살아가는 게으른 자들을 권면하라(4:11 참고). 둘째, 마음이 약한 자들, 즉 슬픔과 두려움에 빠진 자들을 격려하라. 셋째, 육체적으로나 혹은 영적으로 힘이 없는 자들을 붙들어 주라. 넷째, 모든 사람에게 오래 참으라.

15 악으로 악을 갚지 말게 하고 바울은 성도들이 잘못된 대우나 상황에 처했을 때 원한을 품거나 복수하지 말아야 함을 강조한다(마 5:44-48; 롬 12:17 참고).
서로 대하든지 모든 사람을 대하든지 항상 선을 따르라 성도는 어떤 사람을 만나거나 어떤 상황에 있든지 자신이 만나는 사람들에게 선을 베풀어야 한다.

저자의 묵상

성도는 주님의 재림을 기다리면서 영적으로 깨어 빛의 삶을 살아야 한다. 그뿐만 아니라 오늘 바울이 본문을 통해 강조하는 것처럼 성도 상호 간에 올바른 관계를 유지하는 것이 중요하다. 많은 경우 우리의 영성은 사람들과의 관계를 통해서 표현되기 때문이다. 깊은 영성을 가졌다면 반드시 성숙한 관계의 열매로 나타날 것이다. 먼저 교회와 성도들을 위해 땀 흘리며 애쓰는 지도자[목회자]들을 사랑하고 존경해야 한다. 바울은 지도자들을 '사랑 안에서 가장 귀히 여기라'고 당부했다. 성도들이 교회의 지도자들을 귀히 여길 때 그들이 용기를 얻고 더 깊이 헌신할 것이다. 소명으로 길을 가는 지도자도 넘어지고 상처 입을 수 있다는 사실을 기억하며, 그들을 위해 기도하고 지혜로운 방법으로 섬기자. 또한 성도 간에 화평하며 서로의 신앙을 세우기 위해 구체적으로 노력하자. 또한 성도 간에 서로 격려하고, 일으켜 주며, 오래 참음으로 사랑하자. 그렇게 할 때 우리는 동역자가 되어 재림의 날까지 믿음의 길을 갈 수 있을 것이다.

> **무릎기도** 하나님, 내게 주신 지도자를 존경하고 사랑하게 하소서. 내게 주신 동역자를 격려하고 서로 세워 가게 하소서. 그래서 주님의 날까지 함께 믿음의 길을 가게 하소서.

ESV - 1 Thessalonians 5

9 For God has not destined us for wrath, but to obtain salvation through our Lord Jesus Christ,
10 who died for us so that whether we are awake or asleep we might live with him.
11 Therefore encourage one another and build one another up, just as you are doing.
12 We ask you, brothers, to respect those who labor among you and are over you in the Lord and admonish you,
13 and to esteem them very highly in love because of their work. Be at peace among yourselves.
14 And we urge you, brothers, admonish the idle,* encourage the fainthearted, help the weak, be patient with them all.
15 See that no one repays anyone evil for evil, but always seek to do good to one another and to everyone.

* 5:14 Or *disorderly*, or *undisciplined*

9 destine 예정해 두다　wrath 분노　obtain 얻다　salvation 구원　11 encourage 권하다　12 respect 존경하다　admonish 훈계하다　13 esteem highly 매우 존경하다　14 idle 게으른　fainthearted 심약한　be patient with …에게 참을성 있게 굴다　15 see that 꼭 …하게 하다　repay 갚다　seek to do …하도록 시도하다

묵상 체크 ☐

27
월   일

기쁨이 강물처럼 흐르는 삶
데살로니가전서 5:16-22 • 새찬송 182장 | 통일 169장

• 말씀묵상 전에 성령님의 인도하심을 구하는 기도를 드리십시오.

본문요약 | 바울은 데살로니가 교회 성도들에게 짧지만 핵심적인 신앙생활의 지침을 내려 주었다. 성도들은 쉼 없는 기도 속에서 기쁨과 감사의 삶을 살아야 한다. 또한 성령과 말씀 가운데 깨어 선한 것은 취하고 악한 것은 모양이라도 버리는 순결한 삶을 살아야 한다.

16 항상 기뻐하라
17 쉬지 말고 기도하라
18 범사에 감사하라 이것이 그리스도 예수 안에서 너희를 향하신 하나님의 뜻이니라
19 성령을 소멸하지 말며
20 예언을 멸시하지 말고
21 범사에 헤아려 좋은 것을 취하고
22 악은 어떤 모양이라도 버리라

1. 오늘 하나님께서 나에게 주신 깨달음은 무엇입니까?

2. 말씀을 어떻게 내 삶에 구체적으로 적용해야 합니까?

103

절별 해설

16 항상 기뻐하라 바울은 데살로니가 교회 성도들에게 마지막 당부를 짧고 함축적인 문장으로 표현한다. 그것들은 신앙생활의 핵심이라고 할 수 있는데 그 첫 번째가 항상 기뻐하는 삶이었다. 기쁨은 성령의 열매 중 하나이며, 신앙의 삶 속에 가장 먼저 드러나는 감정 중 하나이다(롬 14:17; 갈 5:22; 빌 4:4).

17 쉬지 말고 기도하라 바울의 짧지만 핵심적인 두 번째 당부는 쉼 없는 기도였다(눅 18:1; 엡 6:18 참조). 쉼 없는 기도는 동일한 말을 반복하는 중언부언의 반복적 기도를 의미하는 것이 아니다. 쉼 없는 기도란 하나님과 개인적이고 지속적인 영적 교제를 갖는 것을 말한다.

18 범사에 감사하라 감사는 성숙한 성도라면 반드시 가지고 있는 영적 태도이다(엡 5:4,20; 골 2:7; 3:15; 4:2). 진정한 감사는 조건적인 것이 아니다. 하나님이 주신 모든 것, 모든 환경에 감사하는 것이다. 이런 감사는 하나님이 선하시다는 절대적인 믿음에서 나온다. **이것이 그리스도 예수 안에서 너희를 향하신 하나님의 뜻이니라** '이것'이 지시하는 것은 16-18절에 나타난 "항상 기뻐하는 것, 쉬지 않고 기도하는 것, 범사에 감사하는 것"이다. 신앙은 복잡하거나 어려운 것이 아니다. 앞에서 제시된 이런 삶을 사는 것이 하나님의 뜻이다.

19 성령을 소멸하지 말며 '소멸하다'의 원어적 뜻은 불을 끄는 것을 의미한다. 성도의 미숙함과 죄로 인해 성령님의 뜨거운 역사가 약해질 수 있다. 또한 성령을 근심하게 할 수도 있다(엡 4:30). 하나님이 원하시는 것은 성도가 성령의 충만함 속에서 그분이 주시는 깨달음을 얻어 진리의 삶을 살아가는 것이다(갈 5:16; 엡 5:18). 바울이 본 서신을 기록한 장소인 고린도 교회가 성령의 역사를 무질서하게 추구하는 것이 문제였다면, 데살로니가 교회는 성령의 역사를 제한하거나 무시하는 문제를 가지고 있었던 것 같다.

20 예언을 멸시하지 말고 '예언'은 일차적으로 하나님께서 세우신 대언자들을 통해 주어진 메시지를 의미한다. 그러나 예언이 종결된 지금은 기록된 말씀으로 이해해야 한다. 성도는 성령의 영감으로 기록된 하나님의 말씀을 가볍게 여기거나 무시해서는 안 된다(딤후 3:16).

21 범사에 헤아려 좋은 것을 취하고 '헤아리다'의 원어적 뜻은 동전이나 금속을 시금하는 것처럼 세밀히 시험하거나 검사하는 것을 말한다. 여기서는 말씀의 기준으로 무엇을 신중하게 생각하고 분별하는 것을 의미한다. 이런 과정을 통해 성도는 자신에게 유익이 되는 것을 발견하고, 그것을 자신의 것으로 만들어 영적으로 성장할 수 있다.

쉬운성경

16 항상 즐거워하십시오.

17 쉬지 말고 기도하십시오.

18 모든 일에 감사하십시오. 이것이 그리스도 예수 안에서 여러분을 향한 하나님의 뜻입니다.

19 성령께서 일하시는 것을 막지 말고,

20 예언의 말씀을 하찮게 생각하지 마십시오.

21 모든 일을 잘 살펴서 선한 것을 붙잡고,

22 악한 것을 멀리하기 바랍니다.

22 악은 어떤 모양이라도 버리라 성도는 신중한 헤아림으로 영적으로 유익한 것을 취하는 것과 더불어 영혼에 독이 될 수 있는 악을 버릴 줄 알아야 한다. 건강한 신앙생활을 유지하기 위해서는 우리에게 교묘한 속임수로 다가오는 모든 악을 발견하고 차단하는 것이 필요하다.

저자의 묵상

바울이 데살로니가 교회 성도들에게 가르친 신앙생활의 핵심은 짧은 문장으로 되어 있지만 깊은 생각과 지속적인 실천을 요하는 사항이다. 바울은 성도들이 어떤 상황 속에서도 기뻐하고 범사에 감사해야 한다고 강조했다. 그것이 예수 그리스도 안에서 우리를 향하신 하나님의 뜻이라고 가르쳤다. 이것이 어떻게 가능할까? 항상 기뻐하는 삶과 범사에 감사하는 삶 사이에 쉼 없는 기도가 있음을 주목하라. 우리가 현실의 눈을 감고 쉼 없는 기도로 영적인 눈을 뜰 때 기쁨이 넘쳐 난다. 비록 어려운 환경일지라도 감사로 받아들일 수 있다. 바울 자신은 감옥 속에 갇혀 있었지만 늘 기도하며 하나님께 기쁨의 감사를 드렸다. 또한 성도는 내주하시는 성령을 근심하게 하거나 그의 역사를 감소시켜서는 안 된다. 성령의 음성에 귀 기울이며, 성령의 감동으로 기록된 말씀을 기준으로 삼아 영적으로 선한 것과 악한 것을 분별해야 한다. 그럴 때 우리 삶에 정결의 샘이 솟고 기쁨의 강물이 넘쳐 날 것이다.

> **무릎 기도** 하나님, 당신 앞에 쉼 없이 기도함으로 항상 기뻐하고 범사에 감사하는 삶을 살게 하소서. 내 안에 내주하시는 성령님과 오늘도 동행하게 하소서.

ESV - 1 Thessalonians 5

16 Rejoice always,
17 pray without ceasing,
18 give thanks in all circumstances; for this is the will of God in Christ Jesus for you.
19 Do not quench the Spirit.
20 Do not despise prophecies,
21 but test everything; hold fast what is good.
22 Abstain from every form of evil.

16 rejoice 기뻐하다   17 without ceasing 끊임없이   18 circumstance 상황   19 quench 끄다   20 despise 멸시하다   prophecy 예언   22 abstain 삼가다   form 모양   evil 악

☐ 묵상 체크

28
월   일

끝이 아름다울 수 있는 이유
데살로니가전서 5:23-28 • 새찬송 380장 | 통일 424장

• 말씀묵상 전에 성령님의 인도하심을 구하는 기도를 드리십시오.

본문요약 | 성도를 구원의 자리로 부르신 하나님은 신실하시다. 그분은 예수님의 재림 날까지 성도들을 변함없이 보호하시고 이끄실 것이다. 성도들은 하나님께 감사를 드리며 예수 그리스도의 은혜 가운데 살아가야 한다.

23 평강의 하나님이 친히 너희를 온전히 거룩하게 하시고 또 너희의 온 영과 ¹⁾혼과 몸이 우리 주 예수 그리스도께서 강림하실 때에 흠 없게 보전되기를 원하노라
24 너희를 부르시는 이는 미쁘시니 그가 또한 이루시리라
25 형제들아 우리를 위하여 기도하라
26 거룩하게 입맞춤으로 모든 형제에게 문안하라
27 내가 주를 힘입어 너희를 명하노니 모든 형제에게 이 편지를 읽어 주라
28 우리 주 예수 그리스도의 은혜가 너희에게 있을지어다

1. 오늘 하나님께서 나에게 주신 깨달음은 무엇입니까?

2. 말씀을 어떻게 내 삶에 구체적으로 적용해야 합니까?

1) 또는 목숨

절별 해설

23 평강의 하나님이 친히 너희를 온전히 거룩하게 하시고 바울은 이제 모든 권면을 마치고 데살로니가 교회 성도들을 축복하며 서신을 마무리한다. 성경 저자들은 종종 하나님을 '평강의 하나님'으로 호칭했다(롬 15:33; 고후 13:11; 빌 4:9; 히 13:20). 하나님을 '평강의 하나님'이라고 부른 것은 하나님께서 독생자 예수님을 보내 인간의 죄를 사하시고 진정한 화평을 이루셨기 때문이다. 이 평강의 하나님이 계시기에 성도의 구원과 성화가 온전히 완성될 수 있다. 바울은 성도를 온전히 거룩하게 하시는 분이 바로 하나님이심을 강조한다.

또 너희의 온 영과 혼과 몸이 이 구절은 인간의 기본 구성 요소를 영, 혼, 육으로 보는 삼분설의 근거로 사용되었다. 그러나 이것을 인간 존재의 삼분설을 뒷받침하는 구절이라 보기 어렵다. 바울은 여러 단어를 사용함으로써 인간의 전 존재를 강조한 것이다.

그리스도께서 강림하실 때에 흠 없게 보전되기를 원하노라 바울은 거듭해서 주님의 재림의 날에 데살로니가 교회 성도들이 흠 없는 존재로서 있기를 간절히 바랐다(3:13). 바울이 여러 권면으로 그들을 가르친 것은 이런 영적 아비의 마음에서 나온 것이었다.

24 너희를 부르시는 이는 하나님의 부르심은 구원자로 택하시는 것을 말한다(2:12; 4:7; 롬 1:6-7; 고전 1:9; 엡 4:1; 딤후 1:9).

미쁘시니 이 단어의 원어적 의미는 '신실하시니'이다. 우리를 구원자로 택하신 하나님은 신실하신 분이다. 그렇기에 자신의 모든 약속을 빠짐없이 이루신다.

25 형제들아 우리를 위하여 기도하라 데살로니가 교회 성도들을 위해 늘 기도하던 바울은(1:2; 3:10) 이제 겸손히 자신과 동료들을 위해 기도해 달라고 부탁한다. 바울은 데살로니가 교회 성도들의 스승이었고 영적으로 탁월한 인물이었지만, 늘 자신이 양육했던 사람들에게 기도를 부탁했다(롬 15:30; 엡 6:19; 빌 1:19; 골 4:3). 그에게 맡겨진 사명이 너무도 중대하고 그것을 방해하는 사탄의 위협이 컸기 때문이다.

26 거룩하게 입맞춤으로 바울 당시의 사회에서 포옹과 입맞춤은 환영과 사랑의 인사였다. 초대 교회에서도 하나님 안에서 한 가족이 된 성도가 서로 입맞춤하는 것이 거룩하고 귀하게 여겨졌다(롬 16:16; 고전 16:20; 고후 13:11; 벧전 5:14).

27 내가 주를 힘입어 너희를 명하노니 모든 형제에게 이 편지를 읽어 주라 바울의 다른 서신과 같이 본 서신도 데살로니가 교회 성도들에게 회람된 것을 알 수 있다. '명하다'라는 말이 사용된 것으로 보아, 바울은 데살로니가 교회에서 문제가 되었던 게으른 자들이나 죽은 자의 부활에 대해 잘 모르는 자들도 반드시 자신의 편지를 읽기 원했다(4:10,13 참조).

28 우리 주 예수 그리스도의 은혜가 너희에게 있을지어다 그리스도의 은혜와 평강으로 서신을 시작했던 바울은 다시 성도들에게 은혜가 있기를 축복하며 서신을 마친다.

쉬운성경

23 평안의 하나님께서 여러분을 깨끗하게 하셔서 하나님께 속한 자로 지켜 주시며, 여러분의 온몸, 즉 영과 혼과 육신 모두를 우리 주 예수 그리스도께서 오실 그날까지 아무 흠 없이 지켜 주시기를 기도합니다.

24 여러분을 부르신 그분은 신실하시기 때문에 이 일을 반드시 이루실 것입니다.

25 형제 여러분, 우리를 위해서도 기도해 주시기 바랍니다.

26 거룩한 입맞춤으로 모든 형제에게 인사를 나누십시오.

27 이 편지를 모든 형제들에게 읽어 줄 것을 주님의 이름으로 부탁합니다.

28 우리 주 예수 그리스도의 은혜가 여러분과 함께하기를 기도합니다.

저자의 묵상

예수님을 믿고 구원받은 성도들은 긴 성화의 길, 즉 거룩함의 길을 가야 한다. 그러나 이것이 쉽지 않기 때문에 우리는 종종 그 길에서 좌절한다. 바울은 이런 우리에게 중요한 영적 진리를 가르쳐 준다. 우리의 노력만으로는 거룩함의 길을 갈 수 없지만, 평강의 하나님이 우리와 함께하시기에 그 길을 끝까지 갈 수 있다는 사실이다. 한 걸음도 거룩을 향해 나갈 수 없을 바로 그때에, 이를 가능케 하시는 하나님의 손을 굳게 잡으면 다시 일어나 걸을 수 있다. 이것이 성숙한 신앙인의 깨달음이요 정직한 고백이다. 우리가 매일 최선을 다해 거룩의 삶을 살면 나머지는 하나님이 채우시고 인도하신다. 신실하신 하나님이 우리 힘으로는 갈 수 없는 온전함에 이르게 하실 것이다. 가능케 하시는 이 놀라운 하나님의 은혜를 경험해야 한다. 그때 바울의 기도처럼 우리 모두가 예수님의 재림의 날에 흠과 티가 없는 모습으로 그분 앞에 설 수 있을 것이다.

> **무릎기도** 하나님, 나를 구원자로 택하시고 거룩으로 이끄시는 당신을 바라보게 하소서. 하나님의 손을 잡고 거룩의 길을 걸어 마침내 흠 없는 모습으로 주님을 맞이하게 하소서.

ESV - 1 Thessalonians 5

23 Now may the God of peace himself sanctify you completely, and may your whole spirit and soul and body be kept blameless at the coming of our Lord Jesus Christ.
24 He who calls you is faithful; he will surely do it.
25 Brothers, pray for us.
26 Greet all the brothers with a holy kiss.
27 I put you under oath before the Lord to have this letter read to all the brothers.
28 The grace of our Lord Jesus Christ be with you.

23 sanctify 성별하다 completely 온전히 blameless 죄가 없는   25 pray for …을 위해 기도하다   27 put … under oath …를 맹세시키다

묵상 체크 ☐

29
월   일

고난보다 큰 영광

데살로니가후서 1:1-5 · 새찬송 337장 | 통일 363장

• 말씀묵상 전에 성령님의 인도하심을 구하는 기도를 드리십시오.

> **본문요약** | 바울은 박해와 환난 중에도 인내로 믿음을 지키고 있는 데살로니가 교회 성도들을 위로하고 격려한다. 바울은 성도가 세상에 살면서 반드시 핍박을 받게 되는데, 그것이 바로 그들이 하나님 나라 백성 됨의 증거라는 것을 강조한다.

1 바울과 실루아노와 디모데는 하나님 우리 아버지와 주 예수 그리스도 안에 있는 데살로니가인의 교회에 편지하노니
2 하나님 아버지와 주 예수 그리스도로부터 은혜와 평강이 너희에게 있을지어다
3 형제들아 우리가 너희를 위하여 항상 하나님께 감사할지니 이것이 당연함은 너희의 믿음이 더욱 자라고 너희가 다 각기 서로 사랑함이 풍성함이니
4 그러므로 너희가 견디고 있는 모든 박해와 환난 중에서 너희 인내와 믿음으로 말미암아 하나님의 여러 교회에서 우리가 친히 자랑하노라
5 이는 하나님의 공의로운 심판의 표요 너희로 하여금 하나님의 나라에 합당한 자로 여김을 받게 하려 함이니 그 나라를 위하여 너희가 또한 고난을 받느니라

1. 오늘 하나님께서 나에게 주신 깨달음은 무엇입니까?

2. 말씀을 어떻게 내 삶에 구체적으로 적용해야 합니까?

절별 해설

1 바울과 실루아노와 디모데 바울은 고린도에 1년 6개월 동안 머물면서 데살로니가 교회에 첫 번째 편지를 보냈다. 그 후 얼마 되지 않아 두 번째 편지를 보냈는데 이것이 데살로니가후서다(행 18:1,5,11). 실루아노(또는 실라)는 바울이 바나바와 헤어진 뒤(행 15:39-40) 2차 전도여행을 함께한 인물이며(행 15-18장), 후에 베드로의 대필자로도 사역했다(벧전 5:12). 디모데는 바울에게 가장 신뢰받는 제자였으며, 2차·3차 전도여행에 함께했다. 또한 디모데는 바울이 로마에 감금되었을 때 그의 곁을 지켰다(빌 1:1; 골 1:1; 몬 1:1). 후에 디모데는 바울이 마게도냐로 갈 때에 에베소에 남아 바울 대신 사역을 감당했다(딤전 1:3).

2 은혜와 평강이 너희에게 있을지어다 바울은 믿음을 지키기 위해 핍박을 받고 있는 데살로니가 교회 성도들을 생각하며 그들에게 하늘로부터의 참된 은혜와 평화가 있기를 기원한다.

3 이것이 당연함은 너희의 믿음이 더욱 자라고 너희가 다 각기 서로 사랑함이 풍성함이니 바울은 하나님께 데살로니가 교회 성도들로 인해 감사를 드렸다. 감사의 이유는 두 가지로 나타난다. 첫째는, 그들의 믿음이 첫 번째 편지를 보낼 때보다 더욱 자랐기 때문이었다. 둘째는, 그들의 사랑이 변함없이 풍성했기 때문이었다. 바울은 데살로니가 교회 성도들의 믿음과 사랑에 대해 늘 깊은 관심을 가지고 있었으며, 그들이 영적으로 성장할 때마다 하나님께 깊은 감사를 드렸다(살전 3:6).

4 너희가 견디고 있는 모든 박해와 환난 중에서 바울이 두 번째 편지를 쓰고 있을 때에도 데살로니가 교회 성도들은 여전히 그리스도를 믿는다는 이유로 박해와 환난을 겪고 있었다.
너희 인내와 믿음으로 말미암아 하나님의 여러 교회에서 우리가 친히 자랑하노라 계속되는 어려움 속에서도 데살로니가 교회 성도들은 인내로 믿음을 지키고 있었다. 바울은 그들의 견고한 신앙을 감사했을 뿐만 아니라 주변의 다른 교회들에 그들의 모범적인 신앙의 모습을 자랑했다.

5 이는 하나님의 공의로운 심판의 표요 데살로니가 교회 성도들의 인내와 믿음은 공의로운 심판의 표, 즉 구원의 증거가 된다(빌 1:28).
너희로 하여금 하나님의 나라에 합당한 자로 여김을 받게 하려 함이니 바울은 데살로니가 교회 성도들이 받고 있는 박해와 환난이 바로 그들이 하나님 나라에 합당한 자라는 증거가 됨을 강조했다. 바울에 따르면 진리를 위해 핍박받는 것은 저주가 아니요 천국을 소유하게 되는 과정이다(마 5:10 참고).
그 나라를 위하여 너희가 또한 고난을 받느니라 바울은 성도들이 이 세상에 살면서 하나님 나라를 위해 반드시 핍박을 받게 되어 있음을 강조한다. 그러나 성도들이 겪는 어려움은 장차 누리게 될 영광과 비교할 수 없는 것이다(롬 8:18; 벧전 1:7).

쉬운성경

1 바울과 실루아노*와 디모데는 하나님 우리 아버지와 주 예수 그리스도 안에 있는 데살로니가 교회에 편지를 보냅니다.

2 하나님 아버지와 주 예수 그리스도의 은혜와 평화가 여러분에게 가득하기를 빕니다.

3 우리는 여러분을 생각할 때마다 하나님께 늘 감사드립니다. 여러분의 믿음이 더욱 자라고 서로에 대한 사랑도 점점 커 가고 있다고 하니, 하나님께 감사드리는 것은 당연한 일입니다.

4 우리는 여러분이 심한 핍박을 받고 많은 어려움을 겪으면서도 믿음을 굳게 지키고 있는 것을 다른 교회에 자랑하였습니다.

5 이 모든 것이 하나님께서 바르게 심판해 주시는 것을 증언하고 있습니다. 하나님께서는 여러분이 고난을 겪는 것을 통해 하나님 나라에 들어갈 자격을 얻게 하십니다.

* 1:1 '실루아노'의 또 다른 이름은 '실라'이다. 신약성경에서는 같이 사용되고 있다.

저자의 묵상

성도의 삶은 진리를 향해 나아가기 위해 세상을 거스르며 사는 삶이다. 강물을 거스르며 나아가는 배는 물결의 저항을 받는다. 마찬가지로 세상을 거스를 때 성도들은 반드시 세상의 저항을 받게 되는데, 그것은 종종 고난과 핍박으로 나타난다. 바울의 말처럼 여러 가지 환난 속에서 끝까지 인내로 견디며 신앙을 지킬 때, 우리는 하나님 나라에 합당한 존재로 인정받게 된다. 또한 핍박받는 것을 통해 우리가 세상에 속한 자가 아니요, 하나님 나라에 속한 자라는 것을 더욱 분명히 알게 된다. 지금 내 삶에 있는 어려움이 무엇인지 되돌아보자. 그것이 나의 부족함과 죄 때문에 겪는 것이라면, 하나님 앞에 정직하게 회개함으로써 고통에서 벗어나야 한다. 그러나 그 고통이 신앙을 지키기 위한 과정에서 겪는 것이라면, 끝까지 인내하며 믿음의 길을 가야 한다. 그 길을 가는 동안 때를 따라 돕는 하나님의 은혜를 경험할 것이며, 역경 가운데서도 나를 통해 하나님 나라가 확장되는 것을 경험할 것이다.

> **무릎 기도** 하나님, 내 삶에 있는 고난과 핍박 때문에 좌절하거나 포기하지 않게 하소서. 내가 하나님 나라 백성임을 기억하며 내게 주어진 믿음의 길을 오늘도 묵묵히 가게 하소서.

ESV - 2 Thessalonians 1

1 Paul, Silvanus, and Timothy, To the church of the Thessalonians in God our Father and the Lord Jesus Christ:
2 Grace to you and peace from God our Father and the Lord Jesus Christ.
3 We ought always to give thanks to God for you, brothers,* as is right, because your faith is growing abundantly, and the love of every one of you for one another is increasing.
4 Therefore we ourselves boast about you in the churches of God for your steadfastness and faith in all your persecutions and in the afflictions that you are enduring.
5 This is evidence of the righteous judgment of God, that you may be considered worthy of the kingdom of God, for which you are also suffering—

* 1:3 Or *brothers and sisters*. In New Testament usage, depending on the context, the plural Greek word *adelphoi* (translated "brothers") may refer either to *brothers* or to *brothers and sisters*

3 abundantly 풍성하게 4 boast 자랑하다 steadfastness 인내 persecution 박해 affliction 고통, 고난 endure 견디다
5 evidence 증거 righteous 의로운 judgement 심판 consider 생각하다 worthy …받을 만한 suffer 겪다

☐ 묵상 체크

30
월 일

안식과 쉼을 주시는 하나님

데살로니가후서 1:6-12 • 새찬송 240장 | 통일 231장

• 말씀묵상 전에 성령님의 인도하심을 구하는 기도를 드리십시오.

본문요약 ㅣ 바울은 데살로니가 교회 성도들에게 예수님의 재림 때 하나님께서 그들을 핍박했던 자들을 심판하신다는 것을 강조한다. 재림의 날에 성도들은 예수님께 영광을 돌릴 것이며 하나님께서 베푸시는 참되고 영원한 안식과 쉼을 얻게 될 것이다.

6 너희로 환난을 받게 하는 자들에게는 환난으로 갚으시고
7 환난을 받는 너희에게는 우리와 함께 안식으로 갚으시는 것이 하나님의 공의시니 주 예수께서 자기의 능력의 천사들과 함께 하늘로부터 불꽃 가운데에 나타나실 때에
8 하나님을 모르는 자들과 우리 주 예수의 복음에 복종하지 않는 자들에게 형벌을 내리시리니
9 이런 자들은 주의 얼굴과 그의 힘의 영광을 떠나 영원한 멸망의 형벌을 받으리로다
10 그 날에 그가 강림하사 그의 성도들에게서 영광을 받으시고 모든 믿는 자들에게서 놀랍게 여김을 얻으시리니 이는 (우리의 증거가 너희에게 믿어졌음이라)
11 이러므로 우리도 항상 너희를 위하여 기도함은 우리 하나님이 너희를 그 부르심에 합당한 자로 여기시고 모든 선을 기뻐함과 믿음의 역사를 능력으로 이루게 하시고
12 우리 하나님과 주 예수 그리스도의 은혜대로 우리 주 예수의 이름이 너희 가운데서 영광을 받으시고 너희도 그 안에서 영광을 받게 하려 함이라

1. 오늘 하나님께서 나에게 주신 깨달음은 무엇입니까?

2. 말씀을 어떻게 내 삶에 구체적으로 적용해야 합니까?

절별 해설

6 너희로 환난을 받게 하는 자들에게는 환난으로 갚으시고 의로우시고 공평하신 하나님은 성도를 핍박하는 무리를 절대로 그냥 두지 않으신다. 하나님은 때가 되면 그들의 행위에 따라 반드시 되갚아 주신다(신 32:35; 롬 12:19 참고).

7 환난을 받는 너희에게는 우리와 함께 안식으로 갚으시는 것이 하나님의 공의시니 이 엄정한 하나님의 심판은 예수님의 재림의 때에 이루어진다. 주님의 재림은 핍박하는 자들에게는 심판의 날이요, 인내했던 성도들에게는 참된 안식, 즉 진정한 쉼을 얻는 날이 될 것이다. 하나님이 성도들의 눈물을 닦아 주시고 승리의 상급을 주시기 때문이다.
주 예수께서 … 하늘로부터 불꽃 가운데에 나타나실 때에 심판주로 오시는 재림의 예수님을 말한다. 불 혹은 불꽃은 성경에 등장하는 심판의 여러 대표적 이미지 중 하나다(사 66:15; 단 7:9-10; 계 19:11-12 참고).

8 하나님을 모르는 자들과 우리 주 예수의 복음에 복종하지 않는 자들 예수님의 재림 때 하나님께 징벌을 받는 대상을 말한다. **하나님을 모르는 자들**은 복음을 들어보지 못한 이방인들을 말한다(살전 4:5). **복음에 복종하지 않는 자들**은 복음을 들었으나 그리스도를 믿지 않은 유대인과 이방인들을 말한다.

9 이런 자들은 주의 얼굴과 그의 힘의 영광을 떠나 '주의 얼굴'은 하나님의 임재를 뜻하는 구약적 표현이다. "주의 얼굴과 그의 힘의 영광을 떠난다"는 것은 그리스도를 통해 주어지는 하나님의 임재와 죄로부터 구원하시는 하나님의 영광의 사역을 거절한다는 것이다. **영원한 멸망의 형벌을 받으리로다** 심판의 날 지옥에 떨어져 끝나지 않는 형벌을 받는 것을 말한다(마 25:46).

10 그 날에 그가 강림하사 그의 성도들에게서 영광을 받으시고 예수님이 재림하시는 날에 핍박 가운데서도 믿음을 지킨 성도들은 예수님을 기쁨으로 맞이하고 그분께 영광을 돌릴 것이다.
모든 믿는 자들에게서 놀랍게 여김을 얻으시리니 한편 성도들은 재림의 예수님을 보며 놀라움에 빠질 것이다. 그것은 예수님이 예언된 그대로 오시기 때문이다.

11 이러므로 우리도 항상 너희를 위하여 기도함은 데살로니가 교회 성도들에 대한 바울의 사랑은 끊임없는 그의 기도로 표현되었다(살전 1:2; 3:10; 살후 1:11; 3:1).
우리 하나님이 너희를 그 부르심에 합당한 자로 여기시고 모든 선을 기뻐함과 믿음의 역사를 능력으로 이루게 하시고 다가오는 재림을 생각하면서 바울이 데살로니가 교회 성도들을 위해 구체적으로 어떤 기도를 드렸는지 나타난다. 바울은 데살로니가 교회 성

쉬운성경

6 또한 여러분에게 괴로움과 고통을 준 사람들에게 그대로 갚으십니다.

7 주 예수님께서 능력 있는 천사들과 함께 하늘에서 내려오실 그 때가 되면, 하나님께서 고통을 당하는 여러분과 우리 모두에게 평안을 주실 것입니다.

8 그분은 하늘의 불꽃 가운데 나타나셔서, 하나님을 알려고 하지 않는 자들과 우리 주 예수님의 복음에 순종하지 않는 자들을 벌하실 것입니다.

9 그들은 영원히 멸망해서 주님과 가까이 있을 수도 없고, 그분의 크신 영광을 볼 수도 없게 될 것입니다.

10 주 예수님께서 오실 그날, 이 모든 일이 이루어질 것이며, 우리 주님은 주님을 찬양하는 거룩한 백성에게 영광을 받으실 것입니다. 여러분도 우리가 전한 복음을 믿었으니 주님을 높여 드리는 무리 안에 속하게 될 것입니다.

11 우리는 여러분을 위해 항상 기도합니다. 여러분을 부르신 하나님의 뜻대로 믿음 안에서 그분의 능력을 힘입어, 더욱더 선한 일을 많이 할 수 있도록 기도합니다.

12 그렇게 되면 우리 주 예수 그리스도의 이름이 여러분을 통해 영광을 받고, 여러분도 그리스도 안에서 영광을 누리게 될 것입니다. 이것은 하나님과 주 예수 그리스도의 은혜로 이루어지는 것입니다.

도들이 하나님의 부르심에 합당한 자들로 여김 받기를 기도했다. 또한 하나님의 능력으로 말미암아 모든 선한 목적과 믿음의 역사를 이루어 주시기를 기도했다.

12 우리 주 예수의 이름이 너희 가운데서 영광을 받으시고 너희도 그 안에서 영광을 받게 하려 함이라
11절의 기도가 이루어질 때 나타날 선한 결과, 즉 예수님이 영광을 받으시고 또한 그분 안에서 성도들도 영광스럽게 되는 것을 말한다.

저자의 묵상

하나님의 손에서 성도의 고난과 환난은 고통으로만 끝나지는 않는다. 때가 되면 성도의 고난은 하나님의 손에서 진정한 쉼으로, 환난은 영광으로 바뀌게 될 것이다. 믿음을 지키기 위해 고통을 견디고 있는 성도들에게 이 진리는 인내할 수 있는 힘이 된다. 바울은 하나님께서 데살로니가 교회 성도들에게 환난을 주었던 자들을 반드시 환난으로 대갚음해 주실 것을 강조했다. 또한 어려움 가운데 믿음을 지킨 자들에게 하나님께서 참된 쉼을 주실 것이라 말했다. 이 모든 일이 예수님의 재림 때 이루어질 것이다. 예수님이 다시 오실 때 믿지 않는 자들은 두려움에 얼굴을 가릴 것이요, 믿는 자들은 기쁨으로 주님께 영광을 돌릴 것이다. 오늘 우리가 낙심하고 고통받는 이유는 무엇인가? 잠시 절망한다고 해도 다시 일어설 수 있다. 우리를 위해 의롭고 정의로운 판단을 내리시는 분이 계시기 때문이다. 현실이 주는 '고난의 지금'을 바라보지 말고, 믿음이 주는 '영광의 내일'을 바라보며 다시 신실한 삶을 살 것을 결단하자.

무릎기도 하나님, 바울처럼 현실의 오늘을 넘어 믿음의 내일을 바라보는 주의 일꾼 되게 하소서. 인내할 때 쉼과 영광을 주실 당신을 바라보게 하소서.

ESV - 2 Thessalonians 1

6 since indeed God considers it just to repay with affliction those who afflict you,
7 and to grant relief to you who are afflicted as well as to us, when the Lord Jesus is revealed from heaven with his mighty angels
8 in flaming fire, inflicting vengeance on those who do not know God and on those who do not obey the gospel of our Lord Jesus.
9 They will suffer the punishment of eternal destruction, away from* the presence of the Lord and from the glory of his might,
10 when he comes on that day to be glorified in his saints, and to be marveled at among all who have believed, because our testimony to you was believed.
11 To this end we always pray for you, that our God may make you worthy of his calling and may fulfill every resolve for good and every work of faith by his power,
12 so that the name of our Lord Jesus may be glorified in you, and you in him, according to the grace of our God and the Lord Jesus Christ.

*1:9 Or *destruction that comes from*

6 affliction 고통　7 relief 평안　reveal 나타내다　mighty 강력한　8 inflict vengeance on …에게 형벌을 내리다　obey 복종하다　9 punishment 형벌　destruction 멸망　10 glorify 영광을 더하다　marvel 놀라다　testimony 증거　11 resolve 결단, 결의

묵상 체크 ☐

31
월 일

요동하지 않도록 바른 가르침 위에 서라
데살로니가후서 2:1-12 • 새찬송 373장 | 통일 423장

• 말씀묵상 전에 성령님의 인도하심을 구하는 기도를 드리십시오.

> **본문요약 |** 바울은 데살로니가 교회 성도들에게 주의 날이 임했다는 잘못된 가르침 때문에 두려워하지 말 것을 당부한다. 아직 배교와 적그리스도가 나타나지 않았기 때문이다. 적그리스도는 때가 되면 사탄의 거짓 능력과 미혹으로 득세하며 나타날 것이다. 그러나 재림하시는 예수님에 의해 죽임을 당할 것이다.

1 형제들아 우리가 너희에게 구하는 것은 우리 주 예수 그리스도의 강림하심과 우리가 그 앞에 모임에 관하여
2 영으로나 또는 말로나 또는 우리에게서 받았다 하는 편지로나 주의 날이 이르렀다고 해서 쉽게 마음이 흔들리거나 두려워하거나 하지 말아야 한다는 것이라
3 누가 어떻게 하여도 너희가 미혹되지 말라 먼저 배교하는 일이 있고 저 불법의 사람 곧 멸망의 아들이 나타나기 전에는 그 날이 이르지 아니하리니
4 그는 대적하는 자라 신이라고 불리는 모든 것과 숭배함을 받는 것에 대항하여 그 위에 자기를 높이고 하나님의 성전에 앉아 자기를 하나님이라고 내세우느니라
5 내가 너희와 함께 있을 때에 이 일을 너희에게 말한 것을 기억하지 못하느냐
6 너희는 지금 그로 하여금 그의 때에 나타나게 하려 하여 막는 것이 있는 것을 아나니
7 불법의 비밀이 이미 활동하였으나 지금은 그것을 막는 자가 있어 그중에서 옮겨질 때까지 하리라
8 그때에 불법한 자가 나타나리니 주 예수께서 그 입의 기운으로 그를 죽이시고 강림하여 나타나심으로 폐하시리라
9 악한 자의 나타남은 사탄의 활동을 따라 모든 능력과 표적과 거짓 기적과
10 불의의 모든 속임으로 멸망하는 자들에게 있으리니 이는 그들이 ¹⁾진리의 사랑을 받지 아니하여 구원함을 받지 못함이라
11 이러므로 하나님이 미혹의 역사를 그들에게 보내사 거짓 것을 믿게 하심은
12 ¹⁾진리를 믿지 않고 불의를 좋아하는 모든 자들로 하여금 심판을 받게 하려 하심이라

1) 헬, 참

1. 오늘 하나님께서 나에게 주신 깨달음은 무엇입니까?

2. 말씀을 어떻게 내 삶에 구체적으로 적용해야 합니까?

절별 해설

1 우리가 그 앞에 모임에 관하여 예수님께서 재림하실 때 성도들이 함께 그분을 만나 영접하는 것을 말한다(살전 4:13-18; 마 24:31; 막 13:27 참고).

2 주의 날이 이르렀다고 해서 데살로니가 교회 성도들을 잘못된 가르침으로 미혹하는 자들이 주의 날이 이미 이르렀다고 주장했다. 그들은 거짓 예언이나 잘못된 계시로, 심지어는 바울에게 받았다는 위조 편지를 사용해 자신들이 옳다고 주장했다.

3 먼저 배교하는 일이 있고 바울에 따르면 주의 날이 아직 오지 않았는데 그것은 반드시 있어야 할 두 가지 현상이 일어나지 않았기 때문이다. 첫 현상은 배교다. 주의 날이 가까워오면 한때 믿음을 가졌다고 자신했던 사람들이 신앙을 버리는 일들이 먼저 일어날 것이다.

저 불법의 사람 곧 멸망의 아들이 나타나기 전에는 그 날이 이르지 아니하리니 두 번째로 나타날 현상은 불법의 사람, 멸망의 아들로 불리는 적그리스도의 출현이다(요일 2:18,22; 4:3; 요이 1:7; 마 24:24 참고).

4 그는 대적하는 자라 신이라고 불리는 모든 것과 숭배함을 받는 것에 대항하여 적그리스도의 구체적인 모습이 나온다. 그는 대항하는 자로서 신이라 불리며 숭배받는 모든 것에 대항한다. **그 위에 자기를 높이고 하나님의 성전에 앉아 자기를 하나님이라고 내세우느니라** 적그리스도는 또한 자신을 높여 하나님의 성전에 자리를 차지하고 자신이 하나님이라고 주장한다.

7 불법의 비밀이 이미 활동하였으나 사탄으로 인한 불법과 그 때문에 생겨난 여러 죄악들은 인간의 삶과 사회 속에 이미 나타나고 있다. 본절에서 이것이 '비밀'이라고 표현된 것은 아직은 숨겨져 있지만 어떤 순간 적그리스도를 통해 그 악함과 해악의 정도가 극치에 이르게 될 것이기 때문이다.

8 그 때에 불법한 자가 나타나리니 하나님께서 미리 정하신 때가 되어 그를 막으셨던 힘을 거두시면 적그리스도는 득세하며 나타나 자기를 높이고 자신이 하나님이라고 주장할 것이다(4절 참고).
주 예수께서 그 입의 기운으로 그를 죽이시고 강림하여 나타나심으로 폐하시리라 그러나 적그리스도의 활동은 그리 길지 못할 것이다. 심판주로 오시는 예수님께서 그분의 능력으로 적그리스도를 죽이실 것이기 때문이다(계 17:11; 19:20; 20:10 참고).

9 악한 자의 나타남은 사탄의 활동을 따라 악한 자로 묘사된 적그리스도는 사탄의 힘을 이용해 거짓 기적과 표적 등의 큰 능력을 보일 것이다.

쉬운성경

1 형제 여러분, 우리 주 예수 그리스도께서 다시 오시는 것과 그분 앞에서 우리 모두가 함께 모이게 될 그 시간에 대해, 여러분에게 몇 마디 하려고 합니다.

2 예언이나 말씀, 혹은 우리가 보냈다고 꾸민 가짜 편지를 가지고 주님의 날이 벌써 왔다고 떠들어 대는 사람들 때문에 흔들리거나 두려워하지 마십시오.

3 누가 뭐라고 해도 속지 마십시오. 사람들이 하나님을 거역하고 지옥에 속한 악의 자녀가 나타날 때, 주님의 날이 임할 것입니다.

4 그는, 신이라고 부르는 것과 사람들이 예배하고 섬기는 것들을 다 없애 버릴 것입니다. 그리고 그 모든 것들 위에 올라 지배하려고 할 것입니다. 심지어는 하나님의 성전에 들어가 그곳에 앉아서 자기가 하나님이라 주장할 것입니다

5 이 일들은 내가 여러분과 함께 있을 때에 모두 말했던 것들인데 여러분은 기억하지 못합니까?

6 이 악의 자녀는 지금 어떤 힘에 의해 사로잡혀 있으나 적절한 때에 풀려나게 될 것입니다.

7 이미 악의 세력이 세상 가운데 슬며시 나타나고 있지만, 아직은 어떤 힘에 의해 눌려 있습니다. 그를 누르고 있는 힘이 다른 곳으로 옮겨질 때까지 꼼짝 못하고 있다가

8 마침내 이 악한 자는 그 모습을 드러낼 것입니다. 하지만 영광 중에 오시는 주 예수님께서, 그분의 입에서 나오는 입김으로 그를 죽이고 말 것입니다.

9 그는 사탄의 힘을 빌어서 큰 능력을 보일 것입니다. 많은 거짓 기적과 표적을 행하는 것은 물론,

10 진리를 사랑하고 따르기를 거부한 사람들을 자기 편으로 끌어들이기 위해 온

절별 해설

10 불의의 모든 속임으로 멸망하는 자들에게 있으리니 멸망하는 자들은 사탄의 영향 아래 복음을 거부하거나 믿음을 버린 자들을 말한다(3절).

12 심판을 받게 하려 하심이라 진리를 거부하고 악을 행하기 좋아하는 자들은 결국 공의로운 하나님의 준엄한 심판을 받게 될 것이다.

> 갖 꾀를 사용할 것입니다. 만약 이들이 진리를 따랐다면 구원받을 수도 있었을 것입니다.
>
> 11 이들이 진리를 따르는 것을 거부했기 때문에, 하나님께서는 그들이 진리를 떠나 헛된 것을 좇아서 잘못된 길로 가도록 내버려 두셨습니다.
>
> 12 그렇기 때문에 진리를 믿지 않고 죄 짓는 것을 즐기는 사람들은 심판을 받게 될 것입니다.

저자의 묵상

올바른 가르침에 기반을 두고 신앙생활을 하는 것이 중요하다. 올바른 가르침이 올바른 신앙을 낳기 때문이다. 데살로니가 교회 성도들은 주님의 재림이 이미 임했다는 잘못된 가르침으로 인해 신앙이 요동하기 시작했고 두려움에 빠졌다. 우리의 신앙이 흔들리고 두려움에 빠지는 원인은 종종 잘못된 가르침에서 기인한다. 반면 성경적으로 바르고 분명한 지식은 견고함과 분별력을 준다. 예수님이 재림하기 전에 어떤 일이 있을지에 대한 성경적 지식과 그것을 통해 시대를 바라보는 바른 분별력이 필요하다. 바울의 가르침처럼 때가 되면 불의와 거짓 기적과 미혹의 역사가 나타나면서 적그리스도가 출현할 것이다. 바울의 이런 가르침을 모르고 모호한 지식을 가지고 있을 때 두려움이나 이단 사상에 빠질 위험에 처하게 된다. 성도는 성경과 올바른 신학의 바탕 위에 예수님의 재림과 그 전에 일어날 일들에 대해 배워야 한다. 동시에 배운 것을 토대로 우리가 살아가는 시대를 바라보는 영적 분별력을 가져야 한다.

> **무릎 기도** 하나님, 바른 성경의 가르침을 통해 시대를 분별하게 하소서. 사람의 말이나 잘못된 가르침에 미혹되지 않고 성경의 진리 위에 견고한 삶을 살게 하소서.

ESV - 2 Thessalonians 2

1 Now concerning the coming of our Lord Jesus Christ and our being gathered together to him, we ask you, brothers,*
2 not to be quickly shaken in mind or alarmed, either by a spirit or a spoken word, or a letter seeming to be from us, to the effect that the day of the Lord has come.
3 Let no one deceive you in any way. For that day will not come, unless the rebellion comes first, and the man of lawlessness* is revealed, the son of destruction,*
4 who opposes and exalts himself against every so-called god or object of worship, so that he takes his seat in the temple of God, proclaiming himself to be God.
5 Do you not remember that when I was still with you I told you these things?
6 And you know what is restraining him now so that he may be revealed in his time.
7 For the mystery of lawlessness is already at work. Only he who now restrains it will do so until he is out of the way.
8 And then the lawless one will be revealed, whom the Lord Jesus will kill with the breath of his mouth and bring to nothing by the appearance of his coming.
9 The coming of the lawless one is by the activity of Satan with all power and false signs and wonders,
10 and with all wicked deception for those who are perishing, because they refused to love the truth and so be saved.
11 Therefore God sends them a strong delusion, so that they may believe what is false,
12 in order that all may be condemned who did not believe the truth but had pleasure in unrighteousness.

* 2:1 Or *brothers and sisters*; also verses 13, 15
* 2:3 Some manuscripts *sin*
* 2:3 Greek *the son of perdition* (a Hebrew idiom)

---

2 alarmed 두려워하는 to the effect that ⋯라는 취지의   3 deceive 속이다 rebellion 반역 lawlessness 무법 reveal 나타내다 destruction 멸망   4 oppose 대적하다 exalt 높이다   6 restrain 제한하다   7 out of the way 비키어   8 bring to nothing 진멸하다   10 deception 속임 perish 죽다 refuse 거부하다   11 delusion 미혹, 착각   12 condemn 심판하다 unrighteousness 불의

• MEMO •

묵상 체크

32
월 일

굳게 서서 승리하리라

데살로니가후서 2:13-17 • 새찬송 350장 | 통일 393장

• 말씀묵상 전에 성령님의 인도하심을 구하는 기도를 드리십시오.

> **본문요약** | 바울은 주의 날이 이미 임했다는 잘못된 가르침 때문에 두려움과 혼란에 빠져 있는 데살로니가 교회 성도들을 위로한다. 그들은 하나님의 섭리 안에 선택된 자들이며, 성령의 인도하심에 따라 마지막 날까지 믿음을 지켜 그리스도의 영광에 참여하게 될 승리의 사람들이다.

13 주께서 사랑하시는 형제들아 우리가 항상 너희에 관하여 마땅히 하나님께 감사할 것은 하나님이 처음부터 너희를 택하사 성령의 거룩하게 하심과 1)진리를 믿음으로 구원을 받게 하심이니
14 이를 위하여 우리의 복음으로 너희를 부르사 우리 주 예수 그리스도의 영광을 얻게 하려 하심이니라
15 그러므로 형제들아 굳건하게 서서 말로나 우리의 편지로 가르침을 받은 전통을 지키라
16 우리 주 예수 그리스도와 우리를 사랑하시고 영원한 위로와 좋은 소망을 은혜로 주신 하나님 우리 아버지께서
17 너희 마음을 위로하시고 모든 선한 일과 말에 굳건하게 하시기를 원하노라

1. 오늘 하나님께서 나에게 주신 깨달음은 무엇입니까?

2. 말씀을 어떻게 내 삶에 구체적으로 적용해야 합니까?

1) 헬, 참

절별 해설

13 주께서 사랑하시는 형제들아 바울은 데살로니가 교회 성도들을 '주님께 사랑받는 형제들'로 호칭하며, 그들을 소중하게 생각하는 자신의 마음을 드러낸다.
너희에 관하여 마땅히 하나님께 감사할 것은 하나님이 처음부터 너희를 택하사 바울이 하나님께 두 번째 감사를 드린 이유들이 계속 등장한다(1:3 비교). 무엇보다 감사한 이유는 하나님께서 처음부터 데살로니가 교회 성도들을 구원받을 자로 택하셨기 때문이다(엡 1:4 참고). 하나님의 이 택하심은 악한 자의 불의와 거짓에서 죽어 가는 믿지 않는 자와 현저한 대조를 이룬다(2:10-12).
성령의 거룩하게 하심과 진리를 믿음으로 구원을 받게 하심이니 당신의 백성을 선택하신 하나님은 성령을 통해 성도를 거룩하게 하시고 진리를 믿게 하심으로 구원에 이르게 하신다.

14 이를 위하여 우리의 복음으로 너희를 부르사 이것을 위해 하나님께서는 바울과 그의 동역자들을 준비시키시고, 데살로니가 교회 성도들에게 복음을 전하게 하심으로 믿음에 이르게 하셨다.
우리 주 예수 그리스도의 영광을 얻게 하려 하심이니라 하나님께서는 데살로니가 교회 성도들이 복음을 받아들이고 믿는 자가 되어 장차 그리스도의 영광을 얻을 수 있게 해 주셨다.

15 그러므로 형제들아 굳건하게 서서 바울은 13-14절을 통해 데살로니가 교회 성도들이 하나님의 은혜 안에서 택하심을 받고 믿음에 이르러 마지막 날 그리스도의 영광을 얻게 될 것이라는 사실을 상기시킨다. 그렇다면 데살로니가 교회 성도들은 어떠한 상황 가운데서도 믿음을 굳건히 지켜야 한다.
말로나 우리의 편지로 가르침을 받은 전통을 지키라 '전통'은 유전이라고도 불리는데, 유대인들의 율법과 그것을 구체적으로 지키기 위한 규례를 말한다. '진리의 전통'은 복음을 통해 전해지는 진리와 그것을 지키기 위한 삶의 지침을 말한다. 이것을 통해 바울은 데살로니가 교회 성도들이 믿음으로 굳게 서서 구체적으로 무엇을 해야 하는지 가르친다.

16 우리 주 예수 그리스도와 우리를 사랑하시고 영원한 위로와 좋은 소망을 은혜로 주신 하나님 우리 아버지께서 바울은 데살로니가 교회 성도들의 신앙을 지켜 주실 분이 누구신지 분명히 밝히고, 그분께 그들을 위한 축복을 빌었다. 그분은 바로 예수 그리스도시며, 영원한 위로와 소망의 은혜를 한없이 베풀어 주시는 하나님 아버지시다.

17 너희 마음을 위로하시고 바울은 주의 날이 이미 임했다는 잘못된 가르침 때문에 두려움과 혼란에 빠져 있는 데살로니가 교회 성도들의 마음을 예수 그리스도와 하나님 아버지께서 위로해 주시길 바랐다(2:2 참고).

쉬운성경

13 사랑하는 형제 여러분, 주님은 여러분을 사랑하십니다. 하나님께서는 이 세상 맨 처음부터 여러분이 구원받도록 선택해 놓으셨습니다. 그러므로 우리는 하나님께 늘 감사드려야 할 것입니다. 거룩하게 하시는 성령과 진리 안에 있는 믿음으로 여러분은 구원받았고,

14 하나님은 우리가 전한 복음을 통해 여러분이 구원받도록 하셨습니다. 하나님께서는 우리 주 예수 그리스도의 영광을 나누어 주시기 위해 여러분을 부르셨습니다.

15 그러므로 형제 여러분, 믿음 위에 굳게 서서 우리가 말과 편지로 전했던 복음을 계속 간직하기 바랍니다.

16 우리를 사랑하시는 주 예수 그리스도와 아버지 하나님께서 그분의 은혜로 선한 소망과 영원한 위로를 이미 우리에게 주셨습니다.

17 위로의 하나님께서 여러분이 하는 말과 모든 선한 일에 더욱 힘이 되어 주시길 기도합니다.

모든 선한 일과 말에 굳건하게 하시기를 원하노라 또한 바울은 데살로니가 교회 성도들이 깨어서 신실한 신앙생활을 하며 다시 오실 주님을 기다리길 원했다.

저자의 묵상

얕은 신앙은 "내가 할 수 있다"고 말한다. 그러나 깊은 신앙은 "하나님께서 할 수 있게 하신다"고 말한다. 이것을 깨달을 때 우리 안에 있는 두려움과 혼란은 사라진다. 그 누가 자신의 신앙을 자신할 수 있는가? 오랫동안 신앙생활을 해 온 성도라도 어느 순간 두려움에 흔들릴 수 있고, 판단이 흐려져 잘못된 가르침에 빠질 수도 있다. 바울의 칭찬과 감사의 대상이었던 데살로니가 교회 성도들이 핍박과 거짓 가르침 때문에 요동했던 것을 생각해 보라. 이런 데살로니가 교회 성도들을 안정시키고 다시 올바른 신앙을 갖게 하기 위해 바울은 다음과 같은 핵심 진리를 가르쳤다. "너희가 하는 것이 아니라, 하나님께서 하게 하신다." 그렇다. 바울에 따르면 하나님께서 우리를 택하시고 거룩하게 하시며 진리를 믿어 구원받게 하신다. 또한 우리의 믿음을 지킬 수 있도록 도우시며, 마침내 그리스도의 영광을 얻게 하실 것이다. 지금 지쳐서 쓰러져 있는가? '할 수 없는' 나를 인정하고, '하게 하시는' 하나님을 붙잡아라. 그러면 다시 회복되어 굳게 서고 승리할 수 있다.

> **무릎기도** 하나님, 내 힘으로 할 수 없음을 고백합니다. 지금 할 수 있게 하시는 당신을 붙잡고 견고히 서서 내게 주신 믿음의 싸움을 승리하게 하소서.

ESV - 2 Thessalonians 2

13 But we ought always to give thanks to God for you, brothers beloved by the Lord, because God chose you as the firstfruits* to be saved, through sanctification by the Spirit and belief in the truth.
14 To this he called you through our gospel, so that you may obtain the glory of our Lord Jesus Christ.
15 So then, brothers, stand firm and hold to the traditions that you were taught by us, either by our spoken word or by our letter.
16 Now may our Lord Jesus Christ himself, and God our Father, who loved us and gave us eternal comfort and good hope through grace,
17 comfort your hearts and establish them in every good work and word.

* 2:13 Some manuscripts *chose you from the beginning*

13 firstfruits 첫 수확물 sanctification 거룩하게 함 14 gospel 복음 obtain 얻다 15 hold to …를 지키다, 고수하다
16 eternal 영원한 comfort 위로(하다) 17 establish 세우다

☐ 묵상 체크

33
월   일

간절히 기도하고, 겸손히 기도받고
데살로니가후서 3:1–5 • 새찬송 365장 | 통일 484장

• 말씀묵상 전에 성령님의 인도하심을 구하는 기도를 드리십시오.

본문요약 | 바울은 데살로니가 교회 성도들에게 자신을 위해 기도해 줄 것을 요청한다. 바울의 기도 제목은 자신을 통해 복음이 전해지고 막힘없이 열방으로 흘러들어 가는 것이었다. 또한 악한 자들의 핍박과 방해 때문에 그리스도를 전하는 자신의 사역이 중지되지 않는 것이었다.

1 끝으로 형제들아 너희는 우리를 위하여 기도하기를 주의 말씀이 너희 가운데서와 같이 퍼져 나가 영광스럽게 되고
2 또한 우리를 부당하고 악한 사람들에게서 건지시옵소서 하라 믿음은 모든 사람의 것이 아니니라
3 주는 미쁘사 너희를 굳건하게 하시고 악한 자에게서 지키시리라
4 너희에 대하여는 우리가 명한 것을 너희가 행하고 또 행할 줄을 우리가 주 안에서 확신하노니
5 주께서 너희 마음을 인도하여 하나님의 사랑과 그리스도의 인내에 들어가게 하시기를 원하노라

1. 오늘 하나님께서 나에게 주신 깨달음은 무엇입니까?

2. 말씀을 어떻게 내 삶에 구체적으로 적용해야 합니까?

절별 해설

1 끝으로 형제들아 너희는 우리를 위하여 기도하기를 바울은 서신을 마치면서 데살로니가 교회 성도들에게 자신을 위해 기도해 달라고 부탁한다. 바울은 자신이 맡은 성도들을 위해 쉼 없이 기도할 뿐만 아니라 종종 그들에게 겸손히 기도를 부탁했다(롬 15:30-32; 골 4:2-3; 몬 1:22).

주의 말씀이 너희 가운데서와 같이 퍼져 나가 영광스럽게 되고 바울의 기도 요청 가운데 간절한 것 하나가 복음을 담대히 전하고 그 결과로 예수 그리스도가 열방에 알려지는 것이었다(엡 6:19 참고).

2 또한 우리를 부당하고 악한 사람들에게서 건지시옵소서 하라 바울의 두 번째 기도 제목은 악한 자들의 손에서 건져 달라는 것이었다. 바울은 이 서신을 쓰고 있던 당시 고린도에 머물고 있었다. 바울은 이곳에서 복음을 전하면서 악한 사람들의 핍박으로 고난을 받거나 사역이 막히지 않기를 기도해 달라고 부탁한다(행 18:9-17; 살전 3:7 참고).

믿음은 모든 사람의 것이 아니니라 앞의 기도 요청에 대한 이유를 나타낸다. 복음을 전한다고 해서 모든 사람이 그것을 받아들이고 믿음에 이르지는 않는다. 어떤 사람들은 복음을 거부할 뿐만 아니라 복음을 전하는 것을 싫어하고 핍박할 것이다.

3 주는 미쁘사 너희를 굳건하게 하시고 악한 자에게서 지키시리라 악한 세상에서 한 영혼이 복음을 받아들이고 거듭난 후 계속해서 믿음을 지키는 일은 분명 쉽지 않다. 그러나 신실하신 하나님이 성도를 지켜 주셔서 굳건하게 하시며 악한 자들의 손에서 그를 보호해 주실 것이다.

4 우리가 명한 것을 너희가 행하고 또 행할 줄을 우리가 주 안에서 확신하노니 데살로니가 교회 성도들에 대한 바울의 신뢰가 잘 나타나 있다. 바울은 데살로니가에 있을 때 그들에게 복음과 그에 합당한 삶에 대해서 가르쳤다. 또한 본 서신서를 통해 주의 날에 대한 바른 이해와 주님의 재림을 기다리며 해야 할 것들을 다시 한번 가르쳤다. 바울은 데살로니가 교회 성도들이 자신의 가르침을 기억하고 신실하게 행할 것을 확신하고 있었다.

5 주께서 너희 마음을 인도하여 바울은 그의 첫 번째 축복(2:16,17) 후에 다시 한번 데살로니가 교회 성도들을 축복한다. 바울은 주께서 그들의 마음을 친히 인도해 주시기를 기도한다.

하나님의 사랑과 그리스도의 인내에 들어가게 하시기를 원하노라 주께서 성도의 마음을 인도하실 때 이루어질 결과가 나타난다. 그것은 하나님의 사랑과 그리스도의 인내를 잘 깨닫고 그 안에 거하게 되는 것이다.

쉬운성경

1 형제 여러분, 우리를 위해 기도해 주십시오. 주님의 말씀이 하루빨리 전해지도록 기도하시기 바랍니다. 여러분이 그런 것처럼, 다른 사람들도 우리 주님의 말씀을 기뻐하며 주님을 높여 드릴 수 있도록 기도하십시오.

2 또한 우리를 악한 자들에게서 보호해 달라고 기도해 주십시오. 왜냐하면 모든 사람들이 주님을 믿는 것은 아니기 때문입니다.

3 그러나 주님은 신실하신 분이시기에 여러분에게 힘이 되시며, 여러분을 악한 자로부터 지켜 주실 것입니다.

4 우리는 여러분이 우리가 전한 대로 잘 행하고, 또 앞으로도 잘해 나가리라는 것을 주님 안에서 확신합니다.

5 우리 주께서 여러분의 마음을 인도하셔서, 하나님의 사랑과 그리스도의 인내를 잘 깨닫게 하시기를 기도합니다.

저자의 묵상

성숙한 성도는 간절히 기도할 뿐만 아니라 겸손히 기도를 받는다. 데살로니가전후서를 통해 보여주었던 것처럼, 바울은 자신에게 맡겨진 영혼들을 위해 쉼 없이 기도했다. 그러나 동시에 바울은 자신이 가르치고 기도해 주었던 성도들에게 자신을 위한 기도를 부탁했다. 바울은 데살로니가 교회 성도들에게 잊을 수 없는 영적인 스승이요 부모였다. 그러나 바울은 그들에게 겸손히 기도를 부탁했다. 과거에 내가 가르쳤던 사람이라고 해서 그가 늘 나보다 부족한 사람이라고 생각하지는 말아야 한다. 그는 언제나 내가 이끌어 줘야 하는 나약한 존재라고 단정하지 말아야 한다. 그들이 주님 앞에 성장하고 있고 우리의 동역자가 되길 원한다면, 우리도 그들에게 겸손하게 기도를 요청하자. 내가 맡은 영혼들을 위해 끊임없이 기도하고 때가 되어 그들의 기도를 받을 때, 서로 간에 진정한 영적 유대와 동역이 이루어진다. 오늘 내가 기도해야 할 사람은 누구며, 기도를 요청해야 할 사람은 누구인가?

무릎기도 하나님, 내게 맡겨진 영혼들을 위해 쉼 없이 기도하는 열정을 주소서. 동시에 그들에게 겸손히 기도를 요청할 수 있는 지혜도 주소서.

ESV - 2 Thessalonians 3

1 Finally, brothers,* pray for us, that the word of the Lord may speed ahead and be honored,* as happened among you,
2 and that we may be delivered from wicked and evil men. For not all have faith.
3 But the Lord is faithful. He will establish you and guard you against the evil one.*
4 And we have confidence in the Lord about you, that you are doing and will do the things that we command.
5 May the Lord direct your hearts to the love of God and to the steadfastness of Christ.

* 3:1 Or *brothers and sisters*; also verses 6, 13
* 3:1 Or *glorified*
* 3:3 Or *evil*

1 word 말 honor …에게 영광을 베풀다 2 deliver from …에서 구해 내다 wicked 악한 evil 악한 faith 믿음 3 establish 굳건하게 하다 guard 보호하다 4 have confidence 확신을 가지다 command 명령하다 5 direct 인도하다 steadfastness 확고함, 인내

묵상 체크

34
월 일

땀의 수고로 본이 되는 삶

데살로니가후서 3:6-12 • 새찬송 321장 | 통일 351장

• 말씀묵상 전에 성령님의 인도하심을 구하는 기도를 드리십시오.

본문요약 | 바울은 데살로니가 교회에 있는 게으른 자들을 멀리하라고 명한다. 이들은 일하지 않으면서 다른 사람에게 의존해 사는 자들이었다. 바울은 자신이 보인 모범처럼 성도들이 각자 최선을 다해 일하고 그 수고로 살아갈 것을 강조한다.

6 형제들아 우리 주 예수 그리스도의 이름으로 너희를 명하노니 게으르게 행하고 우리에게서 받은 전통대로 행하지 아니하는 모든 형제에게서 떠나라
7 어떻게 우리를 본받아야 할지를 너희가 스스로 아나니 우리가 너희 가운데서 무질서하게 행하지 아니하며
8 누구에게서든지 음식을 값없이 먹지 않고 오직 수고하고 애써 주야로 일함은 너희 아무에게도 폐를 끼치지 아니하려 함이니
9 우리에게 권리가 없는 것이 아니요 오직 스스로 너희에게 본을 보여 우리를 본받게 하려 함이니라
10 우리가 너희와 함께 있을 때에도 너희에게 명하기를 누구든지 일하기 싫어하거든 먹지도 말게 하라 하였더니
11 우리가 들은즉 너희 가운데 게으르게 행하여 도무지 일하지 아니하고 일을 만들기만 하는 자들이 있다 하니
12 이런 자들에게 우리가 명하고 주 예수 그리스도 안에서 권하기를 조용히 일하여 자기 양식을 먹으라 하노라

1. 오늘 하나님께서 나에게 주신 깨달음은 무엇입니까?

2. 말씀을 어떻게 내 삶에 구체적으로 적용해야 합니까?

절별 해설

6 형제들아 우리 주 예수 그리스도의 이름으로 너희를 명하노니 바울은 데살로니가 교회에 있는 무질서한 자들에 대해 강한 어조로 말한다. 이것은 단순한 권면이 아니었다. 영적 스승이요 부모로서 내리는 권위 있는 명령이었다.
게으르게 행하고 우리에게서 받은 전통대로 행하지 아니하는 모든 형제에게서 떠나라 바울은 데살로니가 교회 성도들에게 게으르게 행하는 사람들과 바울이 가르친 전통을 지키지 않는 사람들을 멀리하라고 명한다. 게으르게 행하는 자들은 불성실하고 무위도식하는 무질서한 생활을 하면서 자신의 생계를 남에게 의지하는 자들이었다. 바울이 성도들에게 가르치고 세운 전통은 각자 맡은 일에 성실히 임하여 자신의 힘으로 살아가는 것이었다(10, 12절).

7 어떻게 우리를 본받아야 할지를 너희가 스스로 아나니 데살로니가 교회 성도들은 바울을 가까이에서 지켜본 사람들이었다. 바울의 모든 행동은 그들이 따라야 할 귀한 본이 되었다.
우리가 너희 가운데서 무질서하게 행하지 아니하며 바울은 데살로니가에 머물면서 교회의 질서를 세우며 모든 면에서 덕이 되도록 행동했다.

8 음식을 값없이 먹지 않고 오직 수고하고 애써 주야로 일함은 데살로니가에 머물 때 바울은 값을 지불하지 않고는 음식을 먹지 않았다. 이는 바울이 성도들에게 재정적인 부담을 주지 않고자 했기 때문이었다. 바울은 데살로니가에서 자신이 직접 일해 번 돈과 빌립보 교인들의 헌금 등을 가지고 생활했다(행 18:3; 빌 4:16 참조).

9 우리에게 권리가 없는 것이 아니요 바울은 선교의 일을 하면서 재정적 보상을 받을 권리가 분명히 있었다(마 10:10; 고전 9:9-12). 그러나 그는 자신의 권리를 사용하지 않았다.
너희에게 본을 보여 우리를 본받게 하려 함이니라 바울이 자신의 권리를 사용하지 않은 것은 성실히 일해 성도들에게 본을 보여주고, 후에 그들이 자신의 모습을 따르게 하기 위해서였다(고후 11:7-9; 살전 2:9).

11 게으르게 행하여 도무지 일하지 아니하고 일을 만들기만 하는 자들이 있다 하니 게으른 자의 특징은 자신의 일을 하지 않으면서 계속 일만 만든다. 여기서 일을 만든다는 것은 남의 일에 쓸데없이 참견하여 문제를 만드는 것을 말한다(딤전 5:13).

12 조용히 일하여 자기 양식을 먹으라 하노라 바울은 게으른 자들을 책망하고 그들이 명심하고 따라야 할 것을 가르친다. 그 교훈은 조용하고 성실하게 일하는 것이며, 그 땀의 대가로 자기 양식을 먹는 것이다.

쉬운성경

6 형제 여러분, 우리 주 예수 그리스도의 이름으로 명령합니다. 일하기를 싫어하는 형제들을 멀리하십시오. 게으름을 피우며 일하지 않는 사람들은 우리가 전한 명령을 지키지 않는 것입니다.

7 우리가 보여준 모범을 통해 여러분은 어떻게 살아야 하는지 잘 알게 되었을 것입니다. 여러분과 함께 있을 때, 우리는 결코 게으름을 피우지 않았습니다.

8 다른 사람의 양식을 먹게 될 때에도 우리는 늘 값을 치렀습니다. 여러분 어느 누구에게도 짐이 되지 않기 위해 우리는 밤낮으로 일하고 또 일했습니다.

9 물론 여러분에게 우리를 도와 달라고 할 수도 있었을 것입니다. 그러나 우리는 여러분에게 본을 보여 여러분 스스로 자기 생활을 꾸려 나가도록 하기 위해 열심히 일했던 것입니다.

10 여러분과 함께 있을 때, 우리는 "일하기를 싫어하는 사람은 먹을 자격도 없다"라고 가르쳤습니다.

11 여러분 가운데 일하기를 싫어하여 아무것도 하지 않으려는 자들이 있다고 들었습니다. 그리고 다른 사람의 일에 간섭하고 참견하느라 시간을 낭비하는 사람이 있다고 들었습니다.

12 우리 주 예수 그리스도의 이름으로 그들에게 명령합니다. 조용히 일하며 자기 양식을 스스로 마련하도록 하십시오.

저자의 **묵상**

게으른 삶은 자신만이 아니라 공동체에게도 독이 된다. 이것을 너무도 잘 알고 있었던 바울은 게으른 삶을 청산하라고 강하게 명령한다. 게으른 사람은 하나님께서 주신 자신의 소중한 삶을 허비하고 망친다. 더 심각한 것은 게으른 사람이 공동체에 미치는 영향이다. 이들은 자신의 일은 하지 않으면서 불필요한 일에 참견하여 여러 가지 잡음과 문제를 일으킨다. 개인적으로나 공동체적으로나 게으름은 버려야 할 독이다. 내 안에 게으름이 자리 잡고 있지 않은지 자신을 돌아보아야 한다. 우리 공동체 안에 게으름의 영향으로 말만 무성하고 문제만 터지고 있지 않은지 살펴보아야 한다.

한편, 바울은 선교의 사명을 감당하며 주야로 일했다. 예수님은 이 땅에 계실 때 목수의 일을 하셨다. 그렇다면 우리도 우리에게 맡겨진 일터에서 땀과 눈물을 흘려야 하지 않을까? 우리의 신앙은 성실한 삶으로 표현되어야 한다. 오늘도 가정, 교회, 직장에서 자신에게 맡겨진 일을 묵묵하고 충성스럽게 해 나가야 한다.

> **무릎기도**
> 하나님, 게으른 자가 되지 않게 하소서. 내게 주신 모든 것에 최선을 다하게 하셔서 나의 성실한 삶이 복음을 전하는 빛이 되게 하소서.

ESV - 2 Thessalonians 3

6 Now we command you, brothers, in the name of our Lord Jesus Christ, that you keep away from any brother who is walking in idleness and not in accord with the tradition that you received from us.

7 For you yourselves know how you ought to imitate us, because we were not idle when we were with you,

8 nor did we eat anyone's bread without paying for it, but with toil and labor we worked night and day, that we might not be a burden to any of you.

9 It was not because we do not have that right, but to give you in ourselves an example to imitate.

10 For even when we were with you, we would give you this command: If anyone is not willing to work, let him not eat.

11 For we hear that some among you walk in idleness, not busy at work, but busybodies.

12 Now such persons we command and encourage in the Lord Jesus Christ to do their work quietly and to earn their own living.*

* 3:12 Greek *to eat their own bread*

6 command 명령하다 keep away from …를 멀리하다 idleness 게으름 in accord with …와 일치하여 7 imitate 본받다 8 toil 수고 labor 수고 burden 짐 10 be willing to do 기꺼이 …하다 11 busybody 참견 잘하는 사람 12 encourage 격려하다 earn one's living 생활비를 벌다

☐ 묵상 체크

35
월 일

때가 되면 거두리라

데살로니가후서 3:13-18 • 새찬송 325장 | 통일 359장

• 말씀묵상 전에 성령님의 인도하심을 구하는 기도를 드리십시오.

본문요약 | 바울은 게으른 자들을 지원하다가 지친 성도들을 위로한다. 낙심하지 않고 선을 행할 때 하나님께서 기뻐하시고 때가 되면 거두게 하실 것이다. 그러므로 성도들은 부족한 사람들을 형제의 마음으로 권면하여 회개를 통해 회복되도록 도와야 한다.

13 형제들아 너희는 선을 행하다가 낙심하지 말라
14 누가 이 편지에 한 우리 말을 순종하지 아니하거든 그 사람을 지목하여 사귀지 말고 그로 하여금 부끄럽게 하라
15 그러나 원수와 같이 생각하지 말고 형제 같이 권면하라
16 평강의 주께서 친히 때마다 일마다 너희에게 평강을 주시고 주께서 너희 모든 사람과 함께하시기를 원하노라
17 나 바울은 친필로 문안하노니 이는 편지마다 표시로서 이렇게 쓰노라
18 우리 주 예수 그리스도의 은혜가 너희 무리에게 있을지어다

1. 오늘 하나님께서 나에게 주신 깨달음은 무엇입니까?

2. 말씀을 어떻게 내 삶에 구체적으로 적용해야 합니까?

절별 해설

13 너희는 선을 행하다가 낙심하지 말라 바울은 열심히 일하며 게으른 자들을 돕다가 지친 데살로니가 교회 성도들을 위로한다. 게으름 때문이 아니라 진짜 가난함으로 인해 절실한 도움이 필요한 사람들이 공동체 안에 여전히 있었기 때문이다. 이런 사람들을 돕는 일은 성도가 반드시 해야 하는 일이다. 또한 이런 선한 일을 계속할 때 하나님께서 어느 시기에 선한 열매를 주실 것이다(갈 6:9).

14 누가 이 편지에 한 우리 말을 순종하지 아니하거든 그 사람을 지목하여 사귀지 말고 바울은 데살로니가 교회 성도들에게 자신이 가르친 교훈을 따르지 않는 자들과 어울리지 말라고 권고한다. 바울에 따르면, 성도라고 해서 모든 사람을 품고 가까이해야 하는 것은 결코 아니다. 진리를 거부하고 그에 합당한 삶을 살지 않는 사람들과는 거리를 둘 필요가 있다.
그로 하여금 부끄럽게 하라 게으르고 순종하지 않는 사람들을 멀리해야 하는 이유는 그들이 부끄러움을 느끼고 진리로 돌아오도록 하기 위함이었다.

15 원수와 같이 생각하지 말고 형제같이 권면하라 공동체 안에서 특정 사람의 문제를 지목하고 징계해야 할 때 교회가 어떤 태도를 가져야 하는지를 보여준다. 징계의 목적은 그를 고립시키고 원수로 만들기 위함이 아니다. 회개와 회복을 위함이다. 교회는 어떠한 사람이 잘못을 저질렀어도 그를 여전히 형제로 생각하며, 그가 회개할 수 있도록 최선을 다해야 한다(딤후 2:25-26). 그래서 그가 회복되기를 소망해야 한다.

16 평강의 주께서 친히 때마다 일마다 너희에게 평강을 주시고 바울은 편지를 마치면서 데살로니가 교회 성도들을 다시 한번 축복한다. 바울은 먼저 주님께서 성도들에게 모든 때와 일에 평화를 주시길 기도했다. 주님은 평화의 주님이시기에 이것을 허락하실 것임을 바울은 확신하고 있었다.
주께서 너희 모든 사람과 함께하시기를 원하노라 바울은 또한 주님께서 성도 한 명 한 명 모두에게 빠짐없이 함께해 주시기를 바랐다.

17 나 바울은 친필로 문안하노니 이는 편지마다 표시로서 이렇게 쓰노라 바울은 종종 자신의 편지를 받아쓰게 하는 대필자를 두었다(롬 16:22 참고). 그러나 마지막에는 자신이 직접 친필을 남겼는데, 이는 자신의 애정 어린 마음과 그 편지가 위조된 것이 아닌 진짜 자신의 글임을 나타내기 위한 표시였다(살후 2:2; 고전 16:21; 골 4:18 참조).

18 우리 주 예수 그리스도의 은혜가 너희 무리에게 있을지어다 바울은 데살로니가전서의 마지막 인사처럼, 본서에서도 성도들에게 그리스도의 은혜가 함께하기를 축복하며 서신을 마친다(살전 5:28).

쉬운성경

13 그리고 바르게 살고 있는 형제 여러분, 선한 일을 하는 동안, 낙심하지 마십시오.

14 만일 우리가 보내는 이 편지의 내용을 따르지 않는 자가 있거든, 그가 누구인지 기억해서 가까이하지 마십시오. 그러면 그 사람 스스로 부끄러움을 느끼게 될 것입니다.

15 하지만 그를 원수처럼 대하지 말고, 사랑하는 형제로서 충고하십시오.

16 평화의 주님께서 언제 어디서나 여러분에게 평안을 내려 주시기를 기도합니다. 주님께서 여러분 모두와 함께하실 것입니다.

17 친필로 여러분에게 문안합니다. 이 글씨로 나 바울이 친히 보내는 편지임을 알 수 있을 것입니다.

18 우리 주 예수 그리스도의 은혜가 여러분 모두에게 함께하기를 기도합니다.

저자의 묵상

아무리 성숙한 사람도 다른 이를 돕다가 지칠 수 있다. 부지런하고 성숙했던 데살로니가 교회 성도들 중에는 게으른 자들을 지원하다가 지친 사람들이 있었다. 바울은 이들에게 선을 행하다가 낙심하지 말라는 격려 섞인 당부를 남겼다. 왜인가? 하나님께서 성도들의 선한 일을 기뻐하시고, 때가 되면 그 열매를 거두게 하시기 때문이다. "우리가 선을 행하되 낙심하지 말지니 포기하지 아니하면 때가 이르매 거두리라"(갈 6:9). 그러므로 우리에게 맡겨진 선한 일이 난관에 부딪혔을 때 좌절하지 말자. 충성스럽게 일하다가 오해와 어려움을 당했을 때 포기하지 말자. 하나님께서 우리에게 맡기신 일이 조금 어렵다 해도 우리가 끝까지 감당하는 모습을 하나님은 기뻐하신다. 또한 때가 되면 반드시 좋은 것으로 갚아 주신다. 선을 행하다 낙심하지 않으려면 사람을 바라보지 말아야 한다. 사람을 보게 되면 비교하게 되고, 원망하게 되고, 결국 포기하게 된다. 사람에게 향한 우리의 눈을 하나님께 고정해야 한다. 그럴 때 우리에게 맡겨진 선한 일을 끝까지 감당할 수 있다.

무릎기도 하나님, 선한 일을 행할 때 사람이 아닌 하나님을 바라보게 하소서. 기뻐하시고 힘 주시고 상급을 주실 당신만을 바라보며 맡겨 주신 선한 일을 이루게 하소서.

ESV - 2 Thessalonians 3

13 As for you, brothers, do not grow weary in doing good.
14 If anyone does not obey what we say in this letter, take note of that person, and have nothing to do with him, that he may be ashamed.
15 Do not regard him as an enemy, but warn him as a brother.
16 Now may the Lord of peace himself give you peace at all times in every way. The Lord be with you all.
17 I, Paul, write this greeting with my own hand. This is the sign of genuineness in every letter of mine; it is the way I write.
18 The grace of our Lord Jesus Christ be with you all.

13 grow weary 지치다   14 obey 순종하다 take note of …를 주목하다 have nothing to do with …와 아무런 상관이 없다 ashamed 부끄러워하는   15 regard 간주하다   17 greet 인사하다 genuineness 진짜

권별 주삶 아가페 주삶 GBS

- **1주**(1회–7회) _ 갈라디아서 2:11–21
  안디옥에서의 베드로

- **2주**(8회–14회) _ 갈라디아서 5:1–15
  진리와 사랑

- **3주**(15회–21회) _ 데살로니가전서 1:1–5
  복음으로 세워진 교회와 복된 일들

- **4주**(22회–28회) _ 데살로니가전서 4:13–18
  죽음도 소망을 꺾지 못합니다

- **5주**(29회–35회) _ 데살로니가후서 2:1–12
  마지막 날에 우리가 준비해야 할 것들

* GBS 해설서는 뒷면에 있습니다

구역예배, 청년부 성경공부, 직장 신우회 등 각종 성경공부 모임에 활용하면 좋습니다.

주간 그룹성경공부 · GBS

1주차 (1회~7회)

안디옥에서의 베드로

갈라디아서 2:11-21 | 새찬송 149장 · 통일 147장

주간 말씀묵상 나눔

지난 한 주간 말씀을 묵상한 것이나 삶에 적용한 것이 있으면 돌아가며 간단히 나누어 봅시다.

• 오늘의 성경공부 목표

안디옥에서 베드로는 이방인과의 식탁 교제를 중단할 것을 결정합니다. 베드로가 왜 그런 결정을 내리게 되었는지, 그의 결정이 복음의 진리를 어떻게 위협했는지 살펴봅시다.

11 게바가 안디옥에 이르렀을 때에 책망받을 일이 있기로 내가 그를 대면하여 책망하였노라
12 야고보에게서 온 어떤 이들이 이르기 전에 게바가 이방인과 함께 먹다가 그들이 오매 그가 할례자들을 두려워하여 떠나 물러가매
13 남은 유대인들도 그와 같이 외식하므로 바나바도 그들의 외식에 유혹되었느니라
14 그러므로 나는 그들이 복음의 진리를 따라 바르게 행하지 아니함을 보고 모든 자 앞에서 게바에게 이르되 네가 유대인으로서 이방인을 따르고 유대인답게 살지 아니하면서 어찌하여 억지로 이방인을 유대인답게 살게 하려느냐 하였노라
15 우리는 본래 유대인이요 이방 죄인이 아니로되
16 사람이 의롭게 되는 것은 율법의 행위로 말미암음이 아니요 오직 예수 그리스도를 믿음으로 말미암는 줄 알므로 우리도 그리스도 예수를 믿나니 이는 우리가 율법의 행위로써가 아니고 그리스도를 믈음으로써 의롭다 함을 얻으려 함이라 율법의 행위로써는 의롭다 함을 얻을 육체가 없느니라
17 만일 우리가 그리스도 안에서 의롭게 되려 하다가 죄인으로 드러나면 그리스도께서 죄를 짓게 하는 자냐 결코 그럴 수 없느니라
18 만일 내가 헐었던 것을 다시 세우면 내가 나를 범법한 자로 만드는 것이라
19 내가 율법으로 말미암아 율법에 대하여

죽었나니 이는 하나님에 대하여 살려 함이라
20 내가 그리스도와 함께 십자가에 못 박혔나니 그런즉 이제는 내가 사는 것이 아니요 오직 내 안에 그리스도께서 사시는 것이라 이제 내가 육체 가운데 사는 것은 나를 사랑하사 나를 위하여 자기 자신을 버리신 하나님의 아들을 믿는 믿음 안에서 사는 것이라
21 내가 하나님의 은혜를 폐하지 아니하노니 만일 의롭게 되는 것이 율법으로 말미암으면 그리스도께서 헛되이 죽으셨느니라

• 함께 읽어보기

그리스도인으로서 우리는 매 순간 크고 작은 결정을 내려야 합니다. 고려해야 할 다양한 상황들 속에서 우리는 때로 가장 중요한 진리를 놓치기도 합니다. 그럴 때마다 "예수라면 어떻게 할 것인가?"(What Would Jesus Do?) 하는 질문을 던져 보는 것은 도움이 될 수 있을 것입니다. 그리스도인으로의 선택과 결정은 우리가 평생 해야 할 훈련입니다. 매 순간 예수님과 동행하며 복음을 위해 최선의 선택을 할 수 있는 성숙한 제자가 되어야 할 것입니다.

도입 질문

1 매 순간 무엇인가를 결정해야 할 때 나는 성경의 가르침을 기억합니까? 그리고 기도합니까?

함께 나누기

2 베드로(게바)가 방문한 곳은 어디입니까? 베드로는 무엇을 하고 있었습니까? **11-12절**

3 "야고보에게서 온 어떤 이들"의 이야기를 듣고 베드로는 어떤 행동을 취합니까? **12절**

4 12절은 "그가 할례자들을 두려워하여 떠나 물러가매"라고 말합니다. 베드로가 염두에 두었던 '할례자들'은 구체적으로 누구를 가리킵니까?

5 누가 베드로의 이러한 행동에 유혹됩니까? 13절

6 바울은 베드로의 행동을 책망합니다. 그 이유는 무엇입니까? 14절

7 바울이 말하는 복음의 진리는 무엇입니까? 16절

8 안디옥에서 베드로가 취했던 행동과 결정이 잘못된 것이라 말할 수 있습니까? 그렇다면 그 이유는 무엇입니까?

9 오늘 성경공부를 통해 나누고 싶거나 깨달은 것이 있으면 이야기해 봅시다.

구역예배, 청년부 성경공부, 직장 신우회 등 각종 성경공부 모임에 활용하면 좋습니다.

주간 그룹성경공부·GBS

2주차 (8회~14회)

진리와 사랑

갈라디아서 5:1-15 | 새찬송 221장 · 통일 525장

주간 말씀묵상 나눔

지난 한 주간 말씀을 묵상한 것이나 삶에 적용한 것이 있으면 돌아가며 간단히 나누어 봅시다.

• 오늘의 성경공부 목표

건강한 교회 공동체에게 가장 필요한 두 가지 덕목은 무엇인지 생각해 봅시다.

1 그리스도께서 우리를 자유롭게 하려고 자유를 주셨으니 그러므로 굳건하게 서서 다시는 종의 멍에를 메지 말라
2 보라 나 바울은 너희에게 말하노니 너희가 만일 할례를 받으면 그리스도께서 너희에게 아무 유익이 없으리라
3 내가 할례를 받는 각 사람에게 다시 증언하노니 그는 율법 전체를 행할 의무를 가진 자라
4 율법 안에서 의롭다 함을 얻으려 하는 너희는 그리스도에게서 끊어지고 은혜에서 떨어진 자로다
5 우리가 성령으로 믿음을 따라 의의 소망을 기다리노니
6 그리스도 예수 안에서는 할례나 무할례나 효력이 없으되 사랑으로써 역사하는 믿음뿐이니라
7 너희가 달음질을 잘 하더니 누가 너희를 막아 진리를 순종하지 못하게 하더냐
8 그 권면은 너희를 부르신 이에게서 난 것이 아니니라
9 적은 누룩이 온 덩이에 퍼지느니라
10 나는 너희가 아무 다른 마음을 품지 아니할 줄을 주 안에서 확신하노라 그러나 너희를 요동하게 하는 자는 누구든지 심판을 받으리라
11 형제들아 내가 지금까지 할례를 전한다면 어찌하여 지금까지 박해를 받으리요 그리하였으면 십자가의 걸림돌이 제거되었으리니
12 너희를 어지럽게 하는 자들은 스스로 베어 버리기를 원하노라
13 형제들아 너희가 자유를 위하여 부르심을 입었으나 그러나 그 자유로 육체의 기

회를 삼지 말고 오직 사랑으로 서로 종노 릇하라
14 온 율법은 네 이웃 사랑하기를 네 자신같이 하라 하신 한 말씀에서 이루어졌나니
15 만일 서로 물고 먹으면 피차 멸망할까 조심하라

• 함께 읽어보기

갈라디아 교회는 두 가지 어려움을 겪고 있었습니다. 첫째, 거짓 선생들의 이단적 가르침은 '오직 믿음으로 의롭다 함을 얻는다'라는 복음의 진리를 위협했습니다. 둘째, 거짓 선생들로 인해 공동체는 반목하고 분열하게 되었습니다. 본문에서 바울의 태도는 단호합니다. 바울은 할례를 통해 의롭게 된다고 주장하는 거짓 선생들에게 차라리 "스스로 베어 버리는(고자가 되어 버리는) 것"이 어떻겠느냐고 역설합니다(12절). 분열 중에 있는 갈라디아 교회 공동체에게는 "사랑으로 서로 종노릇하라"고 권면합니다(13절). '진리'와 '사랑' 이 두 가지는 교회를 지탱하는 커다란 두 기둥입니다. 또한 그리스도인이 끝까지 지켜야 할 덕목이기도 합니다.

도입 질문

1 우리 주변에서 볼 수 있는 "거짓 형제들"의 "거짓 가르침"은 어떤 것들이 있습니까?

함께 나누기

2 갈라디아 교회 성도들은 "가만히 들어온 거짓 형제들"(2:4)의 어떤 가르침에 현혹되었습니까? 4절

3 '의의 소망', 다시 말해 '의롭다 여김을 받게 되는 것'은 어떻게 얻을 수 있습니까? 5절

4 그리스도 예수 안에서 가장 중요한 것은 할례나 무할례가 아니라 무엇입니까? 6절

5 바울은 거짓 가르침을 무엇에 비유하고 있습니까? 9절

6 할례(율법의 행위)를 통해 의롭다 함을 얻을 수 있다는 가르침이 잘못된 이유는 무엇이라고 생각합니까? 자유롭게 이야기해 봅시다.

7 바울은 갈라디아 교회 성도들에게 어떤 권면을 하고 있습니까? 13절

8 "오직 사랑으로 서로 종노릇하라"는 바울의 권면을 교회 공동체와 각자의 삶 속에서 어떻게 적용할 수 있습니까? 자유롭게 나누어 봅시다.

9 오늘 성경공부를 통해 나누고 싶거나 깨달은 것이 있으면 이야기해 봅시다.

구역예배, 청년부 성경공부, 직장 신우회 등 각종 성경공부 모임에 활용하면 좋습니다.

주간 그룹성경공부·GBS

3주차 (15회~21회)

복음으로 세워진 교회와 복된 일들

데살로니가전서 1:1-5 | 새찬송 220장·통일 278장

주간 말씀묵상 나눔

지난 한 주간 말씀을 묵상한 것이나 삶에 적용한 것이 있으면 돌아가며 간단히 나누어 봅시다.

• 오늘의 성경공부 목표

누군가에게 복음을 전파하고 가르칠 때 우리가 기대할 수 있는 것들이 무엇인지 살펴보고, 어떤 변화가 실제적으로 나타나는지 살펴봅시다.

1 바울과 실루아노와 디모데는 하나님 아버지와 주 예수 그리스도 안에 있는 데살로니가인의 교회에 편지하노니 은혜와 평강이 너희에게 있을지어다
2 우리가 너희 모두로 말미암아 항상 하나님께 감사하며 기도할 때에 너희를 기억함은
3 너희의 믿음의 역사와 사랑의 수고와 우리 주 예수 그리스도에 대한 소망의 인내를 우리 하나님 아버지 앞에서 끊임없이 기억함이니
4 하나님의 사랑하심을 받은 형제들아 너희를 택하심을 아노라
5 이는 우리 복음이 너희에게 말로만 이른 것이 아니라 또한 능력과 성령과 큰 확신으로 된 것임이라 우리가 너희 가운데서 너희를 위하여 어떤 사람이 된 것은 너희가 아는 바와 같으니라

• 함께 읽어보기

바울과 그의 일행은 복음이 전파되지 못한 곳을 두루 다니며 전도를 했습니다. 그런데 그들은 성령의 제지로 아시아 지역에서 복음을 전하지 못하게 되었습니다. 바울은 환상 중에 도움을 청하는 마게도냐 사람을 본 후 마게도냐 지역인 빌립보를 지나 데살로니가에 복음을 전파하게 됩니다. 그 후 유대인들의 핍박으로 데살로니가 교회를 떠난 후 바울은 이 지역에 대한 깊은 애정을 가지고 디모데를 파송하기도 했습니다. 그리고 이제는 애정 어린 마음으로 데살로니가 교회에 편지를 써서 보냅니다. 데살로니가 교인들은 환난 속에서도 신앙을 지키며 살아가고 있었고, 바울은 그런 그들을 사랑으로 격려합니다. 바울이 데살로니가 교인들에게 복음을 전파했을 때 그들에게 복음의 말과 함께 나타난 성령의 능력과 확신에 주목하도록 합시다.

도입 질문

1 누군가에게 복음을 전파하거나 말씀을 가르치고 난 후, 그들의 신앙의 유지와 성숙을 위해서 어떤 일들을 할 수 있습니까?

함께 나누기

2 이 서신서에서 편지를 보내는 사람과 받는 사람이 누구라고 적혀 있습니까? **1절**

3 바울의 다른 서신서와는 다르게 보내는 사람의 어떤 내용이 빠져 있습니까? **1절**

4 모든 바울 서신서에 인사말로 들어가는 두 단어는 무엇입니까? 1절

5 그리스도인들끼리 만나서 인사를 하거나 편지를 교환할 때 인사하거나 축복할 수 있는 말들이 있다면 어떤 것이 있습니까?

6 바울이 데살로니가 교인들을 기억하며 하나님께 감사하는 세 가지 덕목은 무엇입니까? 3절

7 바울이 데살로니가 교인들에게 복음을 전했을 때 함께 나타난 것들은 무엇입니까? 5절

8 당신이 복음을 받아들인 후에 성령으로 인한 능력이 어떻게 나타났는지 나눠 봅시다.

9 오늘 성경공부를 통해 나누고 싶거나 깨달은 것이 있으면 이야기해 봅시다.

구역예배, 청년부 성경공부, 직장 신우회 등 각종 성경공부 모임에 활용하면 좋습니다.

주간 그룹성경공부 • GBS

4주차 (22회~28회)

죽음도 소망을 꺾지 못합니다

데살로니가전서 4:13-18 | 새찬송 161장 • 통일 159장

주간 말씀묵상 나눔

지난 한 주간 말씀을 묵상한 것이나 삶에 적용한 것이 있으면 돌아가며 간단히 나누어 봅시다.

• 오늘의 성경공부 목표

세상 사람들에게는 가장 절망적인 죽음마저도 성도들에게서 소망을 빼앗아 가지 못하는 이유를 그리스도의 부활과 재림에서 찾아봅시다.

13 형제들아 자는 자들에 관하여는 너희가 알지 못함을 우리가 원하지 아니하노니 이는 소망 없는 다른 이와 같이 슬퍼하지 않게 하려 함이라
14 우리가 예수께서 죽으셨다가 다시 살아나심을 믿을진대 이와 같이 1)예수 안에서 자는 자들도 하나님이 그와 함께 데리고 오시리라
15 우리가 주의 말씀으로 너희에게 이것을 말하노니 주께서 강림하실 때까지 우리 살아남아 있는 자도 자는 자보다 결코 앞서지 못하리라
16 주께서 호령과 천사장의 소리와 하나님의 나팔 소리로 친히 하늘로부터 강림하시리니 그리스도 안에서 죽은 자들이 먼저 일어나고
17 그 후에 우리 살아남은 자들도 그들과 함께 구름 속으로 끌어올려 공중에서 주를 영접하게 하시리니 그리하여 우리가 항상 주와 함께 있으리라
18 그러므로 이러한 말로 서로 위로하라

• **함께 읽어보기**

살다 보면 만나게 되는 어려움들이 많이 있습니다. 경제적인 곤란과 관계의 어려움과 질병 등 여러 가지 고난이 있지만, 무엇보다 우리를 슬프게 하는 것은 사랑하는 사람의 죽음일 것입니다. 데살로니가 교인들도 죽음과 신앙을 자연스럽게 연결하지 못하고 종종 절망을 가지고 슬퍼했습니다. 그러나 성도의 죽음은 그것이 마지막이 아닙니다. 예수 그리스도의 재림과 함께 다시 만날 약속이 보증되어 있기에 절망이 아니라 오히려 소망입니다. 불신자들의 죽음은 그것이 심판과 연결되지만, 성도들의 죽음은 주님과의 만남이며 자고 있는 성도들과의 만남을 의미하기 때문에 소망인 것입니다. 마지막 날 불신자들은 자신이 한 일로 인한 심판의 두려움을 경험하게 되지만, 성도는 예수 그리스도 안에서 부활의 몸을 입게 됩니다.

도입 질문

1 가까운 누군가의 죽음 때문에 슬퍼해 본 적이 있습니까?

함께 나누기

2 오늘 본문에서 죽은 사람을 어떻게 표현하고 있습니까? 13-15절

3 지인의 죽음 앞에서 믿는 자들과 불신자들이 공통적으로 경험하는 것과 서로 다른 점은 무엇입니까? 13절

4 "살아남아 있는 자도 자는 자보다 결코 앞서지 못하리라"는 어떤 뜻입니까? **15절**

5 가까운 사람의 죽음을 경험한 적이 있거나 내가 또는 가까운 사람이 죽을까 봐 두려웠던 적이 있습니까? 죽음은 왜 우리를 두렵게 만듭니까?

6 하나님의 나팔 소리는 어떤 의미를 가지고 있습니까? **16절**

7 바울이 죽음과 부활과 예수의 재림에 관하여 말하는 목적은 무엇입니까? **18절**

8 예수 그리스도의 부활과 성도의 부활이 환난을 겪는 우리에게 위로가 되고 있습니까?

9 오늘 성경공부를 통해 나누고 싶거나 깨달은 것이 있으면 이야기해 봅시다.

구역예배, 청년부 성경공부, 직장 신우회 등 각종 성경공부 모임에 활용하면 좋습니다.

주간 그룹성경공부 · GBS

5주차 (29회~35회)

마지막 날에 우리가 준비해야 할 것들

데살로니가후서 2:1-12 | 새찬송 98장

주간 말씀묵상 나눔

지난 한 주간 말씀을 묵상한 것이나 삶에 적용한 것이 있으면 돌아가며 간단히 나누어 봅시다.

• 오늘의 성경공부 목표

성도는 마지막 날에 무엇을 알아야 하고 어떻게 준비해야 하는지 알아봅시다.

1 형제들아 우리가 너희에게 구하는 것은 우리 주 예수 그리스도의 강림하심과 우리가 그 앞에 모임에 관하여
2 영으로나 또는 말로나 또는 우리에게서 받았다 하는 편지로나 주의 날이 이르렀다고 해서 쉽게 마음이 흔들리거나 두려워하거나 하지 말아야 한다는 것이라
3 누가 어떻게 하여도 너희가 미혹되지 말라 먼저 배교하는 일이 있고 저 불법의 사람 곧 멸망의 아들이 나타나기 전에는 그날이 이르지 아니하리니
4 그는 대적하는 자라 신이라고 불리는 모든 것과 숭배함을 받는 것에 대항하여 그 위에 자기를 높이고 하나님의 성전에 앉아 자기를 하나님이라고 내세우느니라
5 내가 너희와 함께 있을 때에 이 일을 너희에게 말한 것을 기억하지 못하느냐
6 너희는 지금 그로 하여금 그의 때에 나타나게 하려 하여 막는 것이 있는 것을 아나니
7 불법의 비밀이 이미 활동하였으나 지금은 그것을 막는 자가 있어 그중에서 옮겨질 때까지 하리라
8 그때에 불법한 자가 나타나리니 주 예수께서 그 입의 기운으로 그를 죽이시고 강림하여 나타나심으로 폐하시리라
9 악한 자의 나타남은 사탄의 활동을 따라 모든 능력과 표적과 거짓 기적과
10 불의의 모든 속임으로 멸망하는 자들에게 있으리니 이는 그들이 진리의 사랑을 받지 아니하여 구원함을 받지 못함이라
11 이러므로 하나님이 미혹의 역사를 그들에게 보내사 거짓 것을 믿게 하심은
12 진리를 믿지 않고 불의를 좋아하는 모든 자들로 하여금 심판을 받게 하려 하심이라

• **함께 읽어보기**

인류의 역사에서 세상의 마지막 날은 항상 관심 있는 주제였고, 많은 사람들이 이 세상의 종말을 예언했습니다. 하지만 예수님께서 그날은 육신의 몸을 입고 있는 동안에는 예수님 자신도 모른다고 하셨습니다. 바울도 그날에 대하여 명확히 이야기하지 않고 단지 징조에 대해서만 이야기했습니다. 사람들은 그날을 준비하면서 마음이 흔들리거나 두려워합니다. 하지만 성도가 마지막 날을 준비하는 것은 다릅니다. 먼저 미혹되지 말아야 합니다. 그날에 멸망의 아들이 활동을 할 터인데, 그는 불법의 사람입니다. 즉, 하나님의 율법을 대적하는 사람입니다. 마지막 날이 이르렀을 때 우리가 따라가야 하는 것은 놀라운 기적이 아니라 하나님의 율법이며 말씀입니다. 그것은 다른 말로 진리입니다. 진리를 따르며 사랑하는 자는 복음을 받아들이는 자며, 그렇지 않은 자들은 멸망하는 자들입니다. 진리를 사랑하는 자들에게 마지막 날은 구원의 날입니다. 진리를 받아들이지 않는 자들은 구원을 거부한 자들이며 마지막 날에 멸망하게 될 것입니다.

도입 질문

1 스피노자는 "내일 세상의 종말이 오더라도 오늘 한 그루의 사과나무를 심겠다"고 말한 것으로 유명합니다. 당신이라면 무엇을 하겠습니까?

함께 나누기

2 데살로니가 교인들에게 두려움은 어떤 것이 있었습니까? 2절

3 마지막 날의 전조는 어떤 것이 있습니까? 3절

4 불법의 사람 또는 멸망의 아들의 커다란 두 가지 특징을 말해 봅시다. 4절

5 불법의 사람이 온전히 나타나기 전에 또 어떤 일이 먼저 있습니까? 6–7절

6 불법한 자가 나타날 때 또 누가 나타나며 그 불법한 자는 어떻게 됩니까? 8절

7 악한 자는 어떤 일들을 합니까? 그런 의미에서 우리는 예수님과 악한 자들을 어떻게 구별할 수 있습니까? 9–10절

8 우리는 마지막 날이 가까워올수록 어떤 분별력을 가지고 있어야 하며 어떤 준비를 해야 합니까? 9–12절

9 오늘 성경공부를 통해 나누고 싶거나 깨달은 것이 있으면 이야기해 봅시다.

권별주삶 **아가페 주삶** GBS 해설서

- 1주(1회-7회) _ 갈라디아서 2:11-21
  안디옥에서의 베드로

- 2주(8회-14회) _ 갈라디아서 5:1-15
  진리와 사랑

- 3주(15회-21회) _ 데살로니가전서 1:1-5
  복음으로 세워진 교회와 복된 일들

- 4주(22회-28회) _ 데살로니가전서 4:13-18
  죽음도 소망을 꺾지 못합니다

- 5주(29회-35회) _ 데살로니가후서 2:1-12
  마지막 날에 우리가 준비해야 할 것들

주간 GBS해설서

1주 해설

1 가이드》 인생의 중요한 결정들 앞에서 그리스도인은 성경의 가르침을 기억하고, 기도하면서 성령의 인도하심을 구해야 합니다. 그리고 언제나 우리의 결정의 기준은 복음의 진리, 즉 하나님의 말씀이 되어야 합니다. 그것은 일종의 훈련입니다.

2 답》 안디옥, 이방인들과 함께 먹고 있었음

해설》 "함께 먹다"라는 헬라어 동사는 베드로가 종종 혹은 반복적으로 이방인들과 식탁 교제를 하고 있었음을 암시합니다. 이방인 고넬료의 집에서 성령의 역사를 체험했던 베드로에게(행 10:24-11:18) 이방인과 함께 먹는 것에 대한 거리낌은 없었을 것입니다.

3 답》 할례자들을 두려워하여 떠나 물러감

해설》 "떠나 물러가다"라는 헬라어 동사는 일회적인 행동을 말하는 것이 아니라, 베드로가 점차 안디옥에서 이방인들과 식탁 교제를 하지 않게 되었음을 의미합니다. 예루살렘 교회의 대표였던 야고보는 베드로에게 사람을 보냈습니다. 그들은 아마도 베드로의 행동이 당시 예루살렘 교회를 박해하던 유대인들을 더욱 자극할 수 있음을 알렸을 것입니다. 유대교의 율법은 이방인과 함께 먹는 것을 부정한 것으로 여겼는데, 교회가 앞장서서 그것을 어긴다고 생각할 수 있었기 때문입니다.

4 답》 열성적 유대인들 혹은 유대인 민족주의자들

해설》 베드로가 두려워한 "할례자들"이 누구인가를 규명하는 것은 오늘 본문을 이해하는데 있어서 매우 중요합니다. 학자들 사이에 많은 의견이 있지만 "열성적 유대인들" 혹은 "유대인 민족주의자들"이라는 의견이 가장 설득력이 있습니다. 당시 그들은 예루살렘 교회를 박해할 수 있는 위치에 있었습니다. 이방인들과의 빈번한 식탁 교제의 소식이 알려지면, 교회에 대한 박해가 더욱 심해질 수도 있다는 사실을 베드로는 간과할 수 없었던 것입니다.

5 답》 남은 유대인들과 바나바

해설》 이 구절은 당시 베드로가 상당한 영향력을 가지고 있었음을 보여줍니다. 바울과 함께 이방인 선교를 위해 동역했던 바나바마저도 베드로의 결정을 따랐습니다. 유명한 지도자일수록 자신의 말과 행동을 조심해야 할 이유가 여기에 있습니다.

6 답》 복음의 진리를 따라 바르게 행하지 아니함을 보고 책망함

해설》 베드로의 결정은 당시의 상황을 고려한 신중한 결정이었을 수 있습니다. 하지만 복음의 진리를 따르는 행동은 아니었습니다. 그의 행동은 결국 율법을 통해 의롭게 된다고 주장하는 유대인들에 대한 암묵적 동의였으며, 그리스도를 믿는 믿음을 통해 의롭게 된다는 복음의 진리를 거스르는 행동이었습니다(롬 10:12).

7 답》 사람이 의롭게 되는 것은 오직 예수 그리스도를 믿음으로 말미암음

해설》 그리스도인에게는 참으로 익숙한 진리입니다. 하나님 앞에서 우리가 의롭다 함을 얻을 수 있는 다른 길은 없습니다. 예수 그리스도를 믿는 믿음만이 유일한 길입니다.

8 가이드》 베드로는 예루살렘 교회의 기둥 같은 지도자 중의 한명으로서(갈 2:9) 정치적·사회적 상황들을 신중하게 고려했을 것입니다. 그는 결국 안디옥에서의 이방인들과의 식탁 교제를 중단합니다. 그의 결정을 심정적으로는 이해할 수 있습니다. 하지만 옳은 결정은 아니었습니다. 타협하지 말아야 할 '한 가지'를 저버렸기 때문입니다. 그것은 그리스도인의 의사 결정에 있어서 가장 중요한 기준이 되어야 할 '복음의 진리'였습니다.

주간 GBS해설서 — 2주 해설

1 가이드》 요즘 대중매체를 보면, 이단으로 인한 가정과 교회의 피해가 빈번하게 회자되고 있습니다. 그들은 가만히 들어와서(갈 2:4) 진리를 왜곡하고 가족과 교회를 분열시킵니다. 어떤 면에서 갈라디아 교회를 어지럽혔던 "거짓 형제들"과 비슷한 패턴을 보여줍니다.

2 답》 율법 안에서 의롭다 함을 얻을 수 있다는 가르침
해설》 대부분의 학자들은 바울이 언급하는 "거짓 형제들"이 지중해 지역을 순회하며 가르치던 유대주의자들이라고 추정합니다. 그들은 할례와 율법의 행위를 가르치고, 율법 안에서 의롭다 함을 얻는다고 가르쳤습니다.

3 답》 성령으로, 믿음을 따라
해설》 성령으로, 믿음을 따라 의의 소망을 기다린다는 것은 두 가지 차원에서 이해할 수 있습니다. 첫째, 현재의 삶에서 믿음으로 의롭다 함을 받는 것입니다. 둘째, 그리스도께서 다시 오실 때에 마지막 심판대 앞에서 믿음으로 의롭다 함을 받는 것입니다. 이 모든 일은 성령의 일하심을 통해 우리에게 주어지게 됩니다.

4 답》 사랑으로써 역사하는 믿음
해설》 믿음은 추상적인 신념이 아닙니다. 공동체 안에서 함께 나누는 사랑의 섬김을 통해 구체적으로 드러나는 실제입니다.

5 답》 누룩
해설》 바울은 거짓 선생들의 가르침을 누룩에 비유합니다. 구약성경에서 누룩은 종종 악함과 부패의 상징으로 여겨졌습니다(출 12:14-20). 누룩이 순식간에 덩어리 전체에 퍼지듯이, 교회에 흘러들어온 거짓 가르침은 공동체 전체를 오염시킵니다.

6 가이드》 율법의 행위로 의롭다 함을 얻을 수 있다고 말하는 것은, 그리스도가 유일한 구원의 길이 아니라고 말하는 것과 같습니다. 그것은 복음의 진리를 왜곡하는 것입니다. 예수님께서는 "내가 곧 길이요 진리요 생명이니 나로 말미암지 않고는 아버지께로 올 자가 없느니라(요 14:6)"고 분명히 우리에게 말씀하셨습니다.

7 답》 오직 사랑으로 서로 종노릇하라
해설》 바울은 예수 그리스도께서 율법의 멍에로부터 우리를 자유인이 되게 하셨지만, 기꺼이 서로를 위해 종이 되어야 한다고 권면합니다. 그것은 "서로 물고 먹었던"(15절) 갈라디아 교회에게 주는 바울의 처방전과도 같습니다. 예수 그리스도께서도 우리를 위해 종의 모습으로 오셨습니다(빌 2:7). 무엇이 예수님으로 하여금 기꺼이 종의 모습이 되어 십자가를 지도록 만들었을까요? "오직 사랑"입니다. 그렇다면 무엇이 우리로 하여금 기꺼이 서로에게 종노릇하도록 만들 수 있을까요? 그것은 "오직 사랑"입니다.

8 가이드》 '사랑으로 종노릇하는 것'은 '섬김'이라는 한 단어로 표현할 수 있을 것입니다. 만약 내가 스스로를 가장 낮은 자리로 낮출 수만 있다면, 내가 만나는 모든 사람은 나의 섬김의 대상이 될 것입니다. 그러나 내가 스스로를 가장 높은 자리에 올려놓는다면, 내가 만나는 모든 사람은 내가 군림해야 할 대상이 되는 것입니다. 낮은 자리로 내려가십시오.

*서로 기도 제목을 나누면서 뒤에 있는 기도 노트를 활용하십시오(p.154-157).

주간 GBS해설서 3주 해설

1 가이드》 바울은 어느 지역에서 복음을 전한 후에 그들을 잊어버린 적이 없습니다. 누군가를 통해서 그들 교회의 소식을 들었고 항상 기도를 하였습니다. 그뿐만 아니라 편지로 격려나 위로를 하거나 때로는 가르치기도 하고 훈계와 책망을 하기도 하였습니다. 복음을 전파하는 동기는 사랑이기 때문에 바울은 그의 관심을 멈춘 적이 없습니다. 우리도 누군가에게 복음을 가르친 후에, 우리의 관심을 메시지나 전화 등 여러 가지 방식으로 표현한다면 그들이 신앙 안에서 더 든든하게 서는 것을 볼 수 있을 것입니다.

2 답》 바울과 실루아노와 디모데 / 데살로니가인의 교회

해설》 바울만이 아니라 실루아노와 디모데도 이 편지를 보내는 자들입니다. 그들은 한 팀으로 데살로니가에 복음을 전했고, 바울이 아덴(아테네)에 있을 때에 데살로니가 교인들에게 디모데를 파송하기도 했습니다(3:2). 여기에서 실루아노는 다른 곳에서 실라라는 이름으로 등장합니다. 바울이 바나바와 갈라섰을 때 그의 동역자로 실라가 세워집니다.

3 답》 사도라는 직분이 생략됨

해설》 대부분의 바울 서신서의 서두에는 바울이 사도라는 것과 사도의 권위가 어디로부터 왔는지 설명합니다. 하지만 여기 데살로니가전서에서는 그 부분이 생략되어 있습니다. 아마도 데살로니가 교회에서는 바울의 사도적 권위에 도전하는 사람이 없어서 생략되었을 거라고 짐작할 수 있습니다.

4 답》 은혜와 평강

해설》 바울의 모든 서신서의 초반부에 인사말로 은혜와 평강이 나타나며 순서도 항상 똑같은데, 그 사이에 가끔 긍휼이 등장하기도 합니다. 평강은 하나님과 우리 사이에서의 화목으로 인한 평화이며, 더 이상 정죄가 없습니다. 그런데 이 평강은 우리의 어떠한 공로 때문도 아니고, 오직 하나님으로부터 시작되는 은혜로만 가능합니다. 그래서 항상 은혜 뒤에 평강이 오는 것입니다. 은혜와 평강은 바울이 믿는 성도들에 대한 축복이기도 하지만 우리의 상태를 보여주는 중요한 두 단어이기도 합니다.

5 가이드》 그리스도인들은 먼저 하나님이 우리에게 주신 최고의 복인 구원을 포함하여 모든 선하고 좋은 것을 주시는 하나님의 은혜에 같이 감사할 수 있습니다. 또한 그 은혜로 인하여 시작된 하나님과의 평화를 기뻐하고 함께 그분을 찬양할 수 있습니다. 그 외에도 우리가 살면서 누리는 모든 복을 구체적으로 기억하고 이야기하며 성도들 안에서의 풍성한 인사를 나눌 수 있습니다.

6 답》 믿음, 사랑, 소망

해설》 이 세 가지는 고린도전서 13장뿐만 아니라 신약 성경 여러 곳에서 한 묶음으로 자주 등장하며 성도가 가지는 핵심적인 덕목들입니다. 믿음을 통해서 역사가 나타나며, 사랑은 서로에 대한 수고를 아끼지 않게 되고, 하나님 나라에 대한 소망을 가지는 사람은 이 땅에서 환난을 당하더라도 포기하지 않고 인내를 가지고 삶을 경주하게 됩니다. 그리고 이 세 가지는 영원합니다.

7 답》 말, 능력, 성령, 큰 확신

해설》 바울 일행이 데살로니가 교인들에게 복음을 전파하였을 때 먼저는 말로 전했습니다. 그러나 그뿐만 아니라 능력이 나타났는데, 그것은 외적인 기적을 의미하기보다는 성령으로 인한 거듭남과 하나님을 사랑하고 그분의 율법을 사랑하는 자로서의 내적인 변화를 의미합니다. 그리고 그 모든 변화는 성령으로 인해 나타나는데, 성령은 우리에게 구원에 대한 그리고 천국의 소망에 대한 큰 확신을 가져다줍니다.

8 가이드》 복음은 단지 천국에 대한 보증수표를 얻는 것이 아닙니다. 복음을 받아들이는 순간부터 우리 안에서 성령님이 우리를 변화시켜 갑니다. 그렇기 때문에 복음을 받아들인 모든 사람은 하나님을 사랑하게 되고 이웃을 사랑하게 되는 인격의 변화를 가져옵니다. 그리고 그 이웃들을 변화시키게 됩니다. 또한 수많은 성령으로 인한 열매를 맺게 됩니다. 복음은 혼자 자라서 끝나는 법이 없습니다.

주간 GBS해설서

4주 해설

1 가이드》 가까운 사람의 죽음은 항상 슬픕니다. 그리스도인들에게도 죽음으로 인한 이별은 늘 슬픕니다. 그러나 그리스도인에게는 죽음이 천국에서의 새로운 만남을 기대하게 만듭니다. 그러기에 슬프면서도 소망을 갖게 되는 역설이 일어납니다.

2 답》 '자는 자'라고 표현함

해설》 성경은 죽음을 종종 '잔다'라고 표현하는데, 성도들에게 죽음은 영원한 것이 아니라 일시적인 것이기 때문입니다. 믿는 자들은 죽음 이후에 부활을 경험하게 되고, 새로운 몸으로 하나님 나라에서 그분과 함께 영원토록 지내게 됩니다.

3 답》 지인의 죽음을 우리 모두는 슬퍼함 / 소망

해설》 성도들도 사랑하는 사람의 죽음 앞에서 슬퍼합니다. 그것은 우리의 마땅한 반응입니다. 하지만 성도들은 불신자들과는 다르게 소망을 가지는데, 예수 그리스도가 그들을 다시 살리시리라는 것과 우리가 그들을 다시 만나게 될 것이라는 소망입니다.

4 답》 먼저 죽은 자가 결코 불리하지 않을 것이라는 뜻

해설》 당시 데살로니가인들 중에는 먼저 죽은 자들 앞에서 절망하는 연약한 사람들이 있었던 것 같습니다. 그들은 성도들의 죽음에 대하여 잘 알지 못했습니다. 그래서 바울은 "너희가 알지 못함을 우리가 원하지 아니한다"고 말합니다(13절). 바울은 먼저 죽은 자가 살아남아 있는 자들보다 불리하거나 불이익이 있지 아니하고, 마지막 날 예수님의 재림의 때에 동일하게 부활하여 만나게 될 것이라는 것을 설명하며 그들을 위로합니다.

5 가이드》 가까운 사람의 죽음은 우리에게 두 가지 두려움을 갖게 합니다. 하나는 사후의 운명에 대한 불안함이고, 또 하나는 우리의 이별입니다. 하지만 그리스도 안에서 소망을 갖는 사람들은 두 가지 모두에 대한 해답을 가지고 있습니다. 예수 그리스도가 그들을 하나님의 나라로 이끌어 갈 것이라는 확신과 우리가 다시 만날 것이라는 소망입니다. 그래서 우리는 두려움을 가지지 않고 오히려 소망 가운데 보낼 수 있습니다.

6 답》 마지막 날 또는 심판을 의미함

해설》 여호수아서에서 나팔은 여리고성을 심판하는 경고의 의미로 사용되었습니다(수 6장). 그리고 요한계시록에서도 나팔은 인 그리고 대접과 함께 심판의 신호로 사용됩니다. 여기서도 나팔 소리는 마지막 날 예수 그리스도의 재림을 알리는 신호로 사용됩니다.

7 답》 데살로니가 교인들을 위로하기 위해서

해설》 마지막 날 예수 그리스도의 재림은 불신자들에게는 두려움이 되겠지만, 성도들에게는 애타게 기다리는 위로입니다. 죽음도 마찬가지입니다. 불신자들에게는 두려움이지만, 성도들에게 죽음은 하나님의 영광스러운 나라에 들어가는 안식의 날입니다.

8 가이드》 믿는 성도들에게 이 세상은 고난의 연속입니다. 바울은 "만일 그리스도 안에서 우리가 바라는 것이 다만 이 세상의 삶뿐이면 모든 사람 가운데 우리가 더욱 불쌍한 자이리라"고 했습니다(고전 15:19). 우리는 장차 나타날 영광스러운 회복과 부활 때문에 능히 이 땅의 삶을 견뎌 낼 수 있고, 심지어는 기쁨으로 소망을 품고 살아갈 수 있는 것입니다(롬 5:3-4).

*서로 기도 제목을 나누면서 뒤에 있는 기도 노트를 활용하십시오(p.154-157).

주간 GBS 해설서   5주 해설

1 가이드》 세상의 종말이 온다면 두 가지의 마음이 들 것입니다. 하나는 두려움이고 또 하나는 못다 한 일을 마치고자 하는 정리의 시간이 필요할 것입니다. 신앙인의 입장에서는 어떤 일을 준비해야 할지 한번 생각해 봅시다.

2 답》 주의 날이 이르렀다는 사실

해설》 주의 날은 예수님이 처음 오셨을 때 이미 시작되었습니다. 하지만 마지막 날이 시작되기 전에는 몇 가지 징조가 있고 아직 때가 이르지 않았습니다. 바울은 잘못된 말씀이나 정보로 인하여 성도들이 두려워하거나 흔들리지 말도록 권면하고 있습니다.

3 답》 배교하는 일과 불법의 사람이 나타나는 것

해설》 가룟 유다 이후로 배교는 꾸준히 있어 왔습니다. 그리고 역사적으로 하나님께 대항하는 사람들이 반복적으로 나타났습니다. 여기서는 보다 더 큰 사건이나 사람을 의미합니다. 예수 그리스도가 재림하실 때에 멸망할 사탄이 마지막 힘을 쥐어짜서 저항하는 때에 나타날 일을 말합니다. 바울은 아직 그때가 이르지 않았다고 이야기하고 있습니다.

4 답》 신들과 숭배함을 받는 것에 대항하고 자기를 하나님의 자리에까지 높임

해설》 사탄은 하나님의 자리를 자기와 바꿔 사람들이 하나님 대신 자기를 섬기도록 합니다. 사탄은 금송아지를 통해서 또는 바알과 아세라 그리고 때로는 돈을 통해서 사람들의 섬김을 받아 왔습니다.

5 답》 그를 '막는 것'과 '막는 자'가 있음

해설》 불법한 자가 활동하는 것을 막는 자가 먼저 있습니다. '이것' 또는 '이 자'는 불법한 자의 활동을 제한하게 됩니다. 이 존재에 대해서는 의견이 분분합니다. 천사(미가엘)라고 주장하는 사람도 있고, 성령님의 사역이라는 주장도 있고, 국가와 그의 법치라고 이야기하는 사람도 있습니다. 그 외 여러 가지 견해들이 있으나 우리는 온전히 알 방법이 없다고 해야 할 것입니다. 분명한 것은 불법한 자가 온전히 활동하지 못하도록 제한하는 역할을 한다는 것이며, 막는 자가 없어질 때 불법한 자가 온전하게 그 모습을 드러낸다는 것입니다.

6 답》 주 예수께서 나타나셔서 그를 죽이고 폐하심

해설》 불법한 자가 나타난 후 어느 정도 후에 나타날지 알 수 없지만 주 예수께서 강림하십니다. 그리고 그 입의 기운으로 그를 죽이시고 폐하십니다. 여기에서 '폐하다'라는 뜻은 무기력하게 만든다는 것입니다. 불법한 자는 마지막에 그의 온전한 존재와 힘을 드러내겠지만 곧 예수 그리스도에게 완전히 무력해집니다.

7 답》 능력과 표적과 거짓 기적과 불의의 모든 속임으로 활동함

해설》 악한 자도 사탄의 힘을 입어서 능력과 표적과 거짓 기적 등을 보여줄 수 있습니다. 그렇기에 우리는 초자연적인 힘을 나타낸다고 해서 하나님의 표적이라고 오해하면 안 됩니다. 오히려 하나님의 일에는 말씀이 보여주는 진리와 그에 대한 사랑이 있습니다.

8 가이드》 세상 사람들은 눈에 보이는 능력을 선호합니다. 하지만 그러한 것들은 거짓이기는 하지만 사탄도 우리 눈에 그럴듯하게 보여줄 수 있습니다. 우리가 진정으로 준비해야 하는 것은 진리를 사랑하는 것입니다. 그것은 바로 말씀을 사랑하고 지키는 것입니다. 불의를 좋아하는 자들과 다르게 우리는 하나님의 의를 사랑해야 합니다. 하나님의 나라는 중립이 없습니다. 하나님을 따르고 사랑하든지 아니면 불의를 좋아하게 되는 것입니다.

*서로 기도 제목을 나누면서 뒤에 있는 기도 노트를 활용하십시오(p.154-157).

그·림·묵·상

일상이라는 누추한 곳에 심겨진 이 작은 씨앗은
영원한 생명을 가진 불멸의 꽃으로 피어날 것입니다.
계속 심으십시오.
하나님께서 정원을 돌보시고 자라게 하실 것입니다.

그림_ 김찬우

 # 기 도 노 트

● 하나님께서 기도에 응답하셨으면 'Yes', 거절하셨으면 'No', 보류 중이시면 'Wait'에 체크해 보세요.
  시간이 흐른 뒤 하나님의 세심한 인도하심을 느낄 수 있습니다.

날짜 Date	기도 대상 Who	기도 제목 Title	응답 여부		
			Yes	No	Wait

Prayer Note

날짜 Date	기도 대상 Who	기도 제목 Title	응답 여부		
			Yes	No	Wait

Prayer Note

날짜 Date	기도 대상 Who	기도 제목 Title	응답 여부		
			Yes	No	Wait

Prayer Note

날짜 Date	기도 대상 Who	기도 제목 Title	응답 여부		
			Yes	No	Wait

권별주삶

갈라디아서
데살로니가전후서

초판 1쇄 발행   2023년 7월 14일

지은이   조호형, 권호

펴낸이   곽성종
기획편집   홍주미, 이가람
디자인   이병용, 정육남

펴낸곳   ㈜아가페출판사
등록   제21-754호(1995년 4월 12일)
주소   (08806) 서울시 관악구 남부순환로 2082-33 성광빌딩 6층
전화   584-4835(본사)
팩스   586-3078(본사)
홈페이지 www.agape25.com
판권   ⓒ (주)아가페출판사

ISBN   978-89-537-1948-4 (04230)
ISBN   978-89-537-1934-7 (세트)

저작권법에 의하여 한국 내에서 보호받는 저작물이므로 무단전재와 복제를 금합니다.

- 본서에 사용한 「성경전서 개역개정판」의 저작권은 재단법인 대한성서공회 소유이며 재단법인 대한성서공회의 허락을 받고 사용하였습니다.
- 본서에 사용한 「쉬운성경」의 저작권은 (주)아가페출판사에 있습니다.
- 본문에 실린 ESV(English Standard Version) 성경의 저작권은 Crossway사에 있으며, 알맹2 에이전시를 통해서 허락을 받아 사용하였습니다.
  This publication contains The Holy Bible, English Standard Version®, copyright © 2001 by Crossway, a publishing ministry of Good News Publishers. The ESV® text appearing in this publication is reproduced and published by cooperation between Good News Publishers and Agape Publishing Company Ltd. and by permission of Good News Publishers. License arranged through rMaeng2, Seoul, Republic of Korea. Unauthorized reproduction of this publication is prohibited.
  The Holy Bible, English Standard Version(ESV) is adapted from the Revised Standard Version of the Bible, copyright Division of Christian Education of the National Council of the Churches of Christ in the U.S.A. All rights reserved.
  English Standard Version, ESV, and the ESV logo are trademarks of Good News Publishers. Used by permission.

아가페 출판사

아가페 필사&쓰기 전용펜

필사&쓰기성경®에 왜 전용펜을 사용해야 할까요?

1. 잉크의 뭉침이 없는 깨끗한 필기감
2. 쓸수록 종이가 부푸는 현상 방지
3. 종이끼리 붙지 않아 오랫동안 보관 가능
4. 물기로 인한 글자 훼손 방지

일반용

* 신약성경의 예수님 말씀은 빨간색 펜을 사용하세요.

중용량

일반 필사&쓰기성경 전용펜 A5 (검정/빨강) — 값 900원
얄판 필사&쓰기성경 전용펜 A5 (검정/빨강-1박스/12자루) — 값 10,800원

필사&쓰기 전용펜 (고급) (블랙/투명) — 값 1,600원
필사&쓰기 전용펜 (고급) (블랙/투명-1박스/12자루) — 값 19,200원

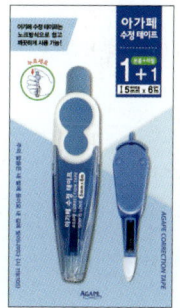

쓰기성경을 쓰다가 잘못 쓴 글씨는 수정테이프를 사용하세요.

아가페 수정 테이프 (본품+리필) (블루/핑크) — 값 3,500원

www.agape25.com 02)584-4669 ㈜아가페출판사

온마음 쓰기성경®

장, 절이 인쇄되어 있는 혁신적인 쓰기성경!

1. 신·구약 성경을 자유롭게 선택, 이동하며 쓸 수 있는 장점이 있습니다.
2. 언제든지 자유롭게 다시 시작할 수 있어서 연속성이 있습니다.
3. 가능한 만큼만 쓰시다 보면 어느새 말씀들로 채워집니다.

※ 교회 단체 구매도 가능합니다.

바인더형	프리미엄 온마음 쓰기성경		정가 82,000원
실속형	구약		정가 42,000원
	신약		정가 19,000원
4권 세트	세트 정가 (구약+신약) : ~~80,000원~~ → 75,000원		
	낱권 정가	구약 ❶, ❷, ❸권	각 권 20,000원
		신약	

밑글씨 매일 쓰기성경®

4권 세트 / 낱권 시리즈

밑글씨가 있어 성경책 대조 없이 간편하게 쓸 수 있는 쓰기성경!

편집 저작물 등록
★★★
저작권 등록이 되어 있는 편집저작물입니다.

4권 세트

〈개역개정〉		〈새번역〉	
세트 정가 : 96,000원 → **90,000원**		세트 정가 : 100,000원 → **95,000원**	
구약 ❶, ❷, ❸권 신약	각 권 24,000원	구약 ❶, ❷, ❸권 신약	각 권 25,000원

낱권 시리즈

구약	❶ 창세기 – 레위기	정가 12,000원
	❷ 민수기 – 룻기	정가 13,000원
	❸ 사무엘상·하	정가 10,000원
	❹ 열왕기상·하	정가 10,000원
	❺ 역대상·하	정가 10,000원
	❻ 에스라 – 욥기	정가 10,000원
	❼ 시편·잠언·전도서·아가	정가 12,000원
	❽ 이사야 – 예레미야애가	정가 12,000원
	❾ 에스겔 – 말라기	정가 12,000원
신약	❶ 사복음서 : 마태복음 – 요한복음	정가 12,000원
	❷ 사도행전 – 고린도후서	정가 10,000원
	❸ 갈라디아서 – 요한계시록	정가 10,000원

www.agape25.com 02)584-4669 [주]아가페출판사

본문이 있는 채움 쓰기성경®

4권 세트 / 낱권 시리즈

성경 본문의 **가독성이** 뛰어나고 **1:1**로 맞추어 필사할 수 있는 쓰기성경!

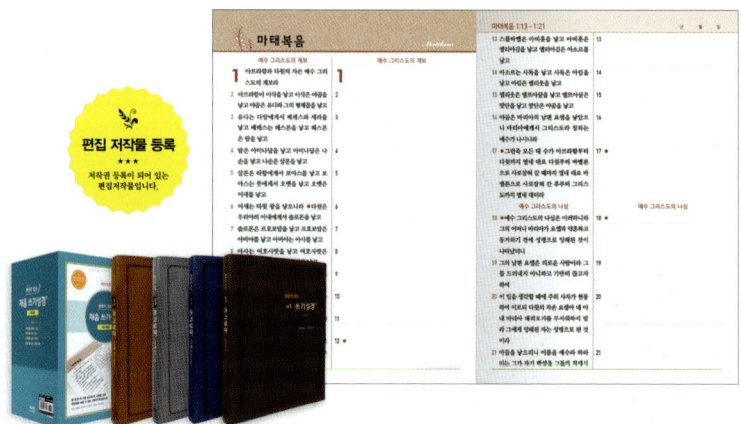

편집 저작물 등록
★★★
저작권 등록이 되어 있는 편집저작물입니다.

4권 세트	〈개역개정〉 세트 정가 : 100,000원 → 95,000원		
	낱권 정가	구약 ❶, ❷, ❸권 신약	각 권 25,000원

개역개정 낱권 시리즈	모세오경	창 세 기	정가 8,000원
		출애굽기	정가 7,000원
		레 위 기	정가 7,000원
		민 수 기	정가 7,000원
		신 명 기	정가 7,000원
		세트 (할인가)	정가 32,000원
	역사서	여호수아·사사기·룻기	정가 9,000원
		사무엘상·하	정가 9,500원
		열왕기상·하	정가 9,500원
		역대상·하	정가 10,000원
		에스라·느헤미야·에스더	정가 7,000원
		세트 (할인가)	정가 40,000원
	시가서	욥 기	정가 8,000원
		시 편	정가 12,000원
		잠언·전도서·아가	정가 8,000원
		세트 (할인가)	정가 25,000원
	예언서	이사야	정가 9,000원
		예레미야·예레미야애가	정가 10,000원
		에스겔·다니엘	정가 10,000원
		호세아~말라기	정가 8,000원
		세트 (할인가)	정가 33,000원
	사복음서	마태복음	정가 8,500원
		마가복음	정가 8,000원
		누가복음	정가 8,500원
		요한복음	정가 8,500원
		세트 (할인가)	정가 28,500원
	사도행전 ~ 요한계시록	사도행전	정가 8,500원
		로마서·고린도전후서	정가 9,000원
		갈라디아서~히브리서	정가 9,000원
		야고보서~요한계시록	정가 8,500원
		세트 (할인가)	정가 30,000원